ANÁLISE DE INVESTIMENTOS ECONÔMICOS E FINANCEIROS

RICARDO MARONI NETO

ANÁLISE DE INVESTIMENTOS ECONÔMICOS E FINANCEIROS

RICARDO MARONI NETO

Freitas Bastos Editora

Copyright © 2023 by Ricardo Maroni Neto.
Todos os direitos reservados e protegidos pela Lei 9.610, de 19.2.1998.
É proibida a reprodução total ou parcial, por quaisquer meios,
bem como a produção de apostilas, sem autorização prévia,
por escrito, da Editora.

Direitos exclusivos da edição e distribuição em língua portuguesa:

Maria Augusta Delgado Livraria, Distribuidora e Editora

Editor: *Isaac D. Abulafia*
Diagramação e Capa: *Luiz Cláudio de Melo*

Dados Internacionais de Catalogação na Publicação (CIP) de acordo com ISBD

```
M354a    Maroni Neto, Ricardo
            Análise de investimentos econômicos e financeiros
         / Ricardo Maroni Neto. - Rio de Janeiro : Freitas
         Bastos, 2023.
            264 p. ; 15,5cm x 23cm.
            ISBN: 978-65-5675-234-1
            1. Economia. 2. Investimentos. 3. Análise. I.
         Título.

         2022-3610                              CDD 332.024
                                                CDU 330.567.2
```

Elaborado por Vagner Rodolfo da Silva – CRB-8/9410

Índices para catálogo sistemático:
1. Economia : Investimentos 332.024
2. Economia : Investimentos 330.567.2

Freitas Bastos Editora
atendimento@freitasbastos.com
www.freitasbastos.com

AGRADECIMENTOS

A história deste livro começa em 2008 quando ministrei pela primeira vez a cadeira Análise de Investimentos no curso de Ciências Contábeis. É desta época os materiais que deram forma a um primeiro esboço que se apresentou como uma apostila.

Saltando dez anos no tempo, volto a ministrar Análise de Investimentos, agora no curso de Pós-graduação em Gestão Financeira. Aquele primeiro esboço tornou-se um material mais robusto com a adoção de diretrizes específicas, a inserção de novos materiais e, principalmente, a realização de novas pesquisas.

Em 2022 ocorre a formatação definitiva, tal qual é apresentada nas próximas páginas. Esta decorre da oportunidade que me foi oferecida. Daí os primeiros agradecimentos:

- à **editora Freitas Bastos e a sua Equipe**, por viabilizar este projeto e colocar o livro em pé;

- a **Sra. Marisol Soto**, que entre tantas e boas opções disponíveis no mercado, concedeu a mim uma oportunidade de valor incalculável.

Como em qualquer oportunidade há um custo, por assumir este custo de oportunidade agradeço a minha esposa **Soraya**, que suportou a minha presença ausente enquanto dava forma ao livro.

Agradeço também às **Instituições e pessoas** que direta ou indiretamente contribuíram para a execução deste trabalho, mesmo sem sabê-lo.

Por fim, agradeço a *cãopanhia* dos meus amigos de quatro patas, **Seu Alfredo, D. Mathilda e Frida,** que sem serem chamados estavam sempre presentes na maior parte do tempo.

A todos meu muito obrigado.

APRESENTAÇÃO

Em Economia a principal verdade é a existência de recursos escassos para atender necessidades ilimitadas. Diante disto, o equacionamento do processo econômico, para transformar os recursos em produtos e com estes atender as necessidades, deve ser realizado de forma eficiente e eficaz.

A eficiência e a eficácia são alcançadas por meio de um processo decisório que analisa as alternativas de uso de recursos, de geração de produtos e de necessidades a serem atendidas. O processo decisório requer a modelagem da situação e a simulação de alternativas, de maneira a dar suporte à tomada de decisão.

A partir deste ponto se desenvolve o conceito de Análise de Investimentos, que descreve como um conjunto de instrumentos, desenvolvidos a partir da Matemática Financeira e da Engenharia Econômica, que permite avaliar e decidir sobre alternativas de usos de recursos.

Vale destacar que Matemática Financeira consiste no estudo do valor do dinheiro no tempo, bem como no desenvolvimento de instrumentos para análise de operações de crédito (empréstimo) e de captação (aplicação).

A Engenharia Econômica é definida por Hummel e Taschner (1992) como um conjunto de técnicas que permitem comparar resultados referentes a alternativas distintas avaliadas quantitativamente. O objetivo é dar suporte nas diversas situações que exige tomada de decisão nas organizações. Por exemplo: produzir internamente ou terceirizar, tomar empréstimo ou usar recursos próprios, estudos de viabilidade, análise risco-retorno, adquirir o equipamento A ou o B etc. Os autores destacam que deve haver ao menos duas opções para análise; que as alternativas devem ser homogêneas e que a análise deve considerar o valor do dinheiro no tempo.

A Análise de Investimento se desenvolve a partir do principal problema econômico oferecendo algumas ferramentas que auxiliam nas decisões que envolvem a alocação de recursos. Esta obra tem por objetivo apresentar essas ferramentas para decisão no universo dos Investimentos.

Entende-se que o diferencial desta obra é a apreciação da análise dos investimentos nas suas duas magnitudes principais. Assim, foram construídos onze capítulos que podem ser agrupados em cinco temas.

O primeiro capítulo apresenta o tema Investimento: conceito, tipos e características e elementos de análise, seu objetivo é permitir ao leitor conhecer o assunto principal da obra. Deve-se destacar que existem dois tipos de investimento: o econômico e o financeiro, esta distinção é fundamental para compreensão da organização da obra.

O segundo, o terceiro e o quarto capítulos formam o segundo tema, que são os elementos básicos da análise de investimentos, respectivamente, o fluxo de caixa, sua estruturação, variáveis impactantes e a taxa de juros.

O quinto, o sexto e o sétimo capítulos tratam do tema valor do dinheiro no tempo, por meio da análise dos conceitos de tempo e de dinheiro, da apreciação dos principais problemas de dinheiro no tempo e da indexação. O objetivo é dotar o leitor de um conjunto de concepções básicas para aplicação prática nos capítulos posteriores.

O oitavo e nono capítulos abordam o tema métodos de avaliação de projetos de investimentos, que por sua vez remete ao conceito de investimento econômico. Esses capítulos apresentam métodos práticos para aplicação, bem como análise de situações específicas.

O décimo e o décimo primeiro formam o quinto tema. O capítulo dez apresenta sob a forma de glossário as modalidades de investimentos financeiros, enquanto o capítulo 11 traz técnicas de análise por meio de simulações.

Por fim, cabe observar que esta obra pode ser apreciada de diferentes formas, todas estabelecidas em função do interesse do leitor. A primeira é a leitura contínua do primeiro ao último capítulo. A segunda é destinada a cursos de análise de investimentos, o qual pode concentrar nos capítulos 1, 2, 3, 6, 8 e 9. Uma terceira possibilidade é a leitura dos capítulos 5, 10 e 11 em cursos de gestão de finanças pessoais.

SUMÁRIO

AGRADECIMENTOS 5
APRESENTAÇÃO 7

1 – SOBRE INVESTIMENTOS 13
1.1 Investimento: definição 15
1.2 Investimento Econômico 17
   1.2.1 Tipos de Investimentos Econômicos 18
   1.2.2 Formas de Investimentos 19
   1.2.3 Projeto de Investimento 19
1.3 Investimentos Financeiros 21
1.4 Investimento, Aplicação e Especulação 22
1.5 Investimentos: Visão Contábil X Visão Financeira 23
1.6 Elementos da Análise de Investimentos 25

2 – FLUXO DE CAIXA 29
2.1 Aspectos Conceituais do Fluxo de Caixa 32
   2.1.1 Fluxo de Caixa Versus Lucro 32
   2.1.2 Complexidade do Fluxo de Caixa 34
   2.1.3 Estrutura Básica 35
   2.1.4 Diagrama do Fluxo de Caixa 35
   2.1.5 Convenções 36
2.2 Modelos de Fluxo de Caixa 37
   2.2.1 Modelos Contábeis 37
   2.2.2 Orçamento de Caixa 40
   2.2.3 Modelo para Análise de Investimentos 42

3 – VARIÁVEIS QUE INFLUEM NO FLUXO DE CAIXA 47
3.1 Estruturando o Fluxo de Caixa 50
   3.1.1 Definição do Investimento 50
   3.1.2 Projeção do EBITDA 51
   3.1.3 Estimativa do FCL 51
3.2 Decisões Estratégicas na Projeção do FCL 52
   3.2.1 Como financiar o projeto 52
   3.2.2 Valor Residual e Perpetuidade 53
3.3 Tributação 53
3.4 Depreciação 55

3.4.1 As Causas da Perda de Valor e a Substituição do Ativo 56

3.4.2 Estimativa da vida útil 57

3.4.3 Métodos de Cálculo 59

4 – TAXA DE JUROS 67

4.1 Taxa Nominal (i) 70

4.2 Taxa Efetiva (ie) 72

4.3 Taxa Real (ir) 75

5 – O TEMPO E O DINHEIRO 79

5.1 O Tempo 82

5.1.1 A difícil missão de definir o tempo 82

5.1.2 O Tempo na Economia 83

5.2 O Dinheiro 84

5.2.1 A diferença entre moeda e dinheiro 85

5.2.2 Dinheiro: é uma questão de fé 86

5.3 Tempo e Dinheiro 88

5.4 Como resolver problemas com dinheiro 89

6 – PROBLEMAS COM DINHEIRO NO TEMPO 91

6.1 Capitalização 94

6.2 Valor Atual 95

6.3 Definindo a taxa de juros 97

6.4 Encontrando tempo 98

6.5 Valor das Parcelas (R) 100

6.6 Valor Atual das Parcelas (P) 102

6.7 Valor Futuro das Parcelas (S) 103

6.8 Definindo o valor das parcelas a partir do valor futuro (S) 105

6.9 Valor Atual de Parcelas Não Uniformes 107

6.10 Valor Futuro de Parcelas Não Uniformes 109

7 – INDEXAÇÃO: A ARTE DE ATUALIZAR VALORES 115

7.1 Escolha do Índice de Preços 118

7.2 Construção de Número Índice 119

7.3 Atualização dos Valores Nominais 122

7.4 Ajustes Monetários 122

7.5 – Problemas de Indexação 124

7.6 Observações Adicionais 132

8 – MÉTODOS DE AVALIAÇÃO DE PROJETOS 135

8.1 Elementos da Análise 138

8.1.1 Fluxo de Caixa Líquido 138

8.1.2 Taxa Mínima de Atratividade (TMA) 139

8.2 Métodos Básicos 140

8.2.1 Período de Payback Simples (PPs) 140

8.2.2 Valor Atual Líquido (VAL) 141

8.2.3 Taxa Interna de Retorno (TIR) 142

8.2.4 Caso I-SOLDA: Tomada de Decisão 143

8.3 Métodos Avançados 144

8.3.1 Período de Payback Descontado (PPd) 144

8.3.2 Taxa Interna de Retorno Modificada (TIRm) 145

8.3.3 Índice de Lucratividade (IL) 146

8.3.4 Valor Presente Líquido Anualizado (VPLa) 148

8.3.5 Caso I-SOLDA: Tomada de Decisão 149

8.4 Quadro Síntese 150

9 – CASOS ESPECIAIS DE AVALIAÇÃO DE PROJETOS 157

9.1 Fluxo de Caixa Incremental 160

9.2 Restrição Orçamentária e Projetos 161

9.3 Projetos com Prazos Diferentes 162

9.4 Projetos com Portes Diferentes 163

9.5 TIR Múltiplas 165

9.6 Pós-Projeto 166

9.6.1 Valor Residual (VR) 166

9.6.2 Perpetuidade 167

10 – BREVIÁRIO SOBRE INVESTIMENTOS FINANCEIROS ... 171

10.1 Ações 174

10.1.1 O processo de negociação 175

10.1.2 Sobre a Bolsa de Valores 176

10.1.3 O papel das corretoras 177

10.1.4 Recomendações para investir em ações 178

10.2 Ativos Cambiais 179

10.3 Ativos Financeiros 180

10.4 Ativos Imobiliários 181

10.5 Ativos Reais 181

10.6 Caderneta de Poupança 181

10.7 CDB 183

10.8 Clube de Investimentos 184

10.9 Debêntures 185

10.10 Depositary Receipt (DR) 186

10.11 Derivativos 187

10.12 EFT..188
10.13 Fundo de Ações..188
10.14 Fundo de Investimentos...189
10.15 Fundos Multimercados...190
10.16 Home Broker...192
10.17 Imóveis...192
10.18 Moedas Estrangeiras...193
10.19 Objetos de Arte...194
10.20 Ouro...195
10.21 Participações em Empresas..196
10.22 Previdência Privada...197
    10.22.1 VGBL...198
    10.22.2 PGBL..199
10.23 Tesouro Direto...199
10.24 Títulos de Capitalização..200
10.25 Títulos Públicos...201

11 – AVALIAÇÃO DE INVESTIMENTOS FINANCEIROS.....203
11.1 Formas de Mensuração do Rendimento...............................205
11.2 Tributação...207
11.3 Custos de Aquisição, de Manutenção e de Transferência do Ativo..................207
11.4 Calculando o Rendimento...208
    11.4.1 Ações...208
    11.4.2 Caderneta de Poupança..210
    11.4.3 Câmbio Manual..211
    11.4.4 CDB...212
    11.4.5 Debênture..213
    11.4.6 Fundo de Investimentos..214
    11.4.7 Imóveis..217
    11.4.8 Títulos de Capitalização...218
    11.4.9 Títulos Públicos..219

REFERÊNCIAS...223
APÊNDICE A – JUROS SIMPLES X JUROS COMPOSTOS..........227
APÊNDICE B – TABELAS FINANCEIRAS................................228
APÊNDICE C – IGP-DI E IGP-M: série histórica.....................259
APÊNDICE D – GLOSSÁRIO..260
ÍNDICE REMISSIVO..262

1 – SOBRE INVESTIMENTOS

> **Box 1.1 – O que é Investimento?**
>
> **Cena 1:**
>
> José, gerente do Banco da Praça, em conversa com um cliente lhe diz:
>
> - Notei que você tem um saldo médio elevado na sua conta corrente. Por que não faz um **investimento** conosco, usando uma parte deste saldo?
>
> **Cena 2**
>
> João conversando com um amigo lhe diz:
>
> - O meu **investimento** de curto prazo é a construção da casa e de longo prazo é o estudo das crianças.
>
> **Cena 3**
>
> Manoela, dona de uma confecção, acaba de decidir por um **investimento** em duas novas máquinas de costura.
>
> Afinal, o que é investimento? Nestes casos o termo investimento tem o mesmo sentido?

Este capítulo apresenta o conceito de investimentos, bem como seus tipos, características e elementos de análise, visando posicionar o leitor dentro do universo do principal conceito da obra.

1.1 Investimento: definição

Dentro da expressão 'Análise de Investimentos' destaca-se o termo 'Investimentos', cuja etimologia remete ao latim "*investire*". Houaiss (2001) informa que originalmente o termo designava revestir, cobrir. Revestir é vestir mais de uma vez, guarnecer. Cobrir, por sua vez, apresenta-se no sentido de proteger-se. Desta forma, pode-se inferir que investir, na sua origem descrevia proteção contra algo.

No latim medieval, informa Houaiss (2001), que o termo aparece em 1050, descrevendo o ato de circundar uma fortaleza, um navio ou uma cidade para tomá-la. Neste contexto, investir descreve atirar-se com ímpeto, atacar, assaltar. Em outras palavras, investir é assumir risco.

Em 1613 surge o verbo inglês *"to invest"* que derivado do latim descreve o emprego do dinheiro na compra de algo de que se espera lucro ou ganho. Começa a se formar aqui o sentido mais atual do termo.

A expressão investimento, conforme Houaiss (2001), por sua vez, apresenta-se em 1881, como o ato ou a ação de investir.

Contemporaneamente o termo investimento descreve uma ação geral, a partir da qual surgem algumas modalidades específicas de uso do termo.

Para Graham (2007, p. 37), citando sua obra *Security Analysis* de 1934, a "... operação de investimento é aquela que, após análise profunda, promete a segurança do principal e um retorno adequado...".

Destacam-se nesta definição as expressões: análise profunda, segurança e retorno. Para Graham o investimento requer algum tipo de ponderação para devolver ao capital o valor investido mais uma remuneração.

Sharpe[1] (1985, p. 2) descreve investimento como o sacrifício da certeza do valor presente por um valor (possível e incerto) no futuro.

A definição de Sharpe contrapõe o *trade-off* entre o certo e o incerto, pois o valor a ser investido está presente, é certo, o ganho futuro é sujeito a uma série de percalços, tornando-o incerto.

Para Reilly e Norton (2008) investimento é:

> "... é um comprometimento atual de recursos por um período na expectativa de receber recursos futuros que compensarão o investidor: 1. Pelo tempo durante o qual os recursos são comprometidos, 2. pela taxa esperada de inflação e 3. pelo risco – incerteza quanto aos pagamentos futuros." (REILLY & NORTON, 2008, p. 2)

---

[1] Tradução livre de: "... is the sacrifice of certain present value for (possibly incertain) future value..."

Os autores partem da perspectiva do *trade-off*, complementando com os motivos que levam a diferença entre os valores presente e futuro.

De maneira geral, Investimento é o ato de direcionar um capital presente, para gerar resultados futuros que compense o sacrifício da satisfação imediata e o tempo de espera. A Figura 1.1 ilustra esta definição.

Figura 1.1 – Estrutura do Investimento

No momento t0 há aplicação de um capital em um investimento, que irá render benefícios futuros (resultado) no momento tn. A medida que decidiu-se realizar o investimento, excluiu-se a possibilidade de usar o capital com consumo, sacrificando por conseguinte a satisfação imediata. Desta forma, o resultado gerado em tn deve compensar o uso alternativo ao investimento, uma vez que há um prazo para realização do investimento.

De forma mais específica, o investimento pode assumir duas modalidades e ser observado por duas óticas. As modalidades são o investimento econômico e o financeiro. As óticas são a contábil e a financeira. Ambas as abordagens são objetos das seções seguintes.

1.2 Investimento Econômico

O investimento econômico é conceituado como os gastos em bens de capital ou desenvolvimento de tecnologia, destinados a aumentar ou manter a capacidade produtiva. Note-se que o caráter econômico está na geração adicional de bens ou serviços, logo o investimento econômico é realizado por empresa, de qualquer porte, setor ou formato societário.

Esta modalidade de investimento é segmentada em investimento planejado, não planejado e em capital humano.

1.2.1 Tipos de Investimentos Econômicos

O Investimento Planejado é aquele que realiza efetivamente o aumento / manutenção da capacidade produtiva, por meio de: reposição – para substituir parte do sistema produtivo depreciado; ampliação – para aumentar a capacidade produtiva; ou modernização – para substituir antigos equipamentos por novos.

Para exemplificar, tome-se o caso de uma companhia de transporte coletivo. Caso haja a depredação de um veículo e com o valor do seguro seja comprado uma unidade igual à destruída tem-se então um investimento planejado de reposição. Se a companhia tiver 100 veículos em operação e resolver acrescer mais 10 à sua frota para atender ao aumento da demanda, apresenta-se aqui investimento planejado de ampliação. Na mesma empresa, a troca de veículos antigos por outros movidos a biodiesel ou com maior capacidade para transportar passageiros, diz-se que houve investimento planejado de modernização.

O Investimento Não Planejado não realiza aumento / manutenção da capacidade produtiva, consiste em gastos que resultam no aumento dos estoques de produtos ou de capital. É também denominado Variação de Estoques. No exemplo da companhia de transporte coletivo, suponha-se que a demanda esperada, quando da aquisição de 10 ônibus novos, não tenha se concretizado por um motivo fora do controle da empresa, por exemplo: a população passou a usar veículo próprio, a prefeitura não fez concessão de novas linhas, ou a população não aumentou. Os veículos, então, ficariam no pátio da empresa, configurando o não aumento efetivo da produção e gerando uma variação de estoques, no caso estoque de capital.

Outro exemplo ocorreu com uma conhecida empresa do ramo varejista de eletrodomésticos nos anos 90. Com o Plano Collor (1990) havia uma expectativa de crescimento nas vendas o que não se realizou. A empresa aumentou os estoques, que ficaram encalhados. Em termos técnicos houve um investimento não planejado ou variação de estoque de mercadoria.

O terceiro tipo de investimento econômico é o Investimento em Capital Humano, que consiste em capacitar o fator trabalho, por meio da educação formal ou de treinamentos para torná-lo mais produtivo. Tomando o exemplo da companhia de ônibus, o treinamento dos motoristas com direção defensiva ou os mecânicos com manutenção preventiva, podem impactar em menos multas, menos acidentes e menos ônibus parados que vão pressionar positivamente no lucro.

1.2.2 Formas de Investimentos

Os investimentos econômicos são formados por ativos reais, que ao serem aplicados geram riquezas para a Economia. Os ativos reais são segmentados em ativos tangíveis e ativos intangíveis.

Os ativos tangíveis se materializam por meio de investimentos materiais como: terrenos, máquinas, equipamentos, inclui aumentos de capital de giro.

O ativo intangível ou Investimento Imaterial são constituídos por marcas, patentes e direitos autorais, que são passíveis de avaliação. Também fazem parte deste dos investimentos imateriais: pesquisa e desenvolvimento; formação e treinamento de funcionários; organização da produção; relações de trabalho, comerciais e tecnológicas, porém não avaliáveis facilmente.

1.2.3 Projeto de Investimento

O investimento quando enfocado conceitualmente apresenta-se de maneira pontual, isolada por tipo. No entanto, a implementação de um investimento requer um conjunto de várias aplicações de recursos, formando um projeto de investimentos.

Tomando o exemplo anterior, da companhia de transportes, a aquisição de veículos adicionais implicaria em aumento nos gastos com combustíveis, contratação de novos motoristas, ampliação do estoque de peças de reposição, gastos com seguros, entre outros. Assim, o investimento planejado de ampliação implica em gastos com a aquisição dos veículos (ativos reais) mais o aporte para aumento do capital de giro, o que caracteriza o projeto de investimentos.

O projeto de investimento é constituído por 6 fases são estudo de mercado, avaliação do tamanho e localização, estudos de engenharia, análise de investimento e financiamento, projeção de resultado e estudo de viabilidade.

O estudo de mercado avalia: a demanda potencial, o mercado e suas forças competitivas, a estrutura de comercialização, os preços praticados, entre outros. A informação a ser gerada aqui é projeção de receitas, bem como um painel sobre o mercado que auxiliará a adoção de estratégias.

A avaliação do tamanho e a localização determinam a escala de produção mínima, os investimentos necessários e fixam os fatores determinantes da localização. O estudo de engenharia estabelece o modo de produção, o *lay-out* e as necessidades de recursos. Nestas fases as informações geradas são os custos da operação e a necessidade de investimentos.

A análise de investimento e de financiamento se inicia com informações sobre os recursos a serem aplicados nas variadas modalidades de ativos. Segue a isto a análise de possíveis fontes de financiamento, bem como o custo do capital aplicado.

A projeção de resultados consiste na consolidação das informações sobre receitas e custos, visando estimar o lucro ou prejuízo do projeto. Complementa esta fase o estudo de viabilidade que projeta o fluxo de caixa, a partir do resultado, e com a aplicação de algumas ferramentas, avalia o retorno, o prazo de retorno e a rentabilidade do projeto.

Os projetos podem ser independentes, mutuamente exclusivos ou contingentes. Nos projetos independentes a rentabilidade de um projeto não é afetada por outros investimentos. Nos projetos mutuamente exclusivos a realização de um elimina a realização de outros. Nos projetos contingentes ou interdependentes a realização de um pressupõe a realização de outro.

Voltando a companhia de ônibus o investimento em ônibus novos e em um sistema de GPS para controlar o deslocamento dos carros, são exemplos de projetos independentes, pois um não afeta o outro. No entanto, a escolha entre a aquisição de um lote de micro-ônibus ou um lote de ônibus biarticulados, podem consistir em projetos mutuamente excludentes, pois a escolha de um eliminaria a aquisição do outro. Os investimentos contingentes ou interdependentes podem ser exemplificados pela aquisição de novos ônibus e na expansão da garagem, do serviço de manutenção e no capital de giro. Se não houver a aquisição dos ônibus os demais investimentos não serão necessários.

1.3 Investimentos Financeiros

Os Investimentos financeiros ou temporários, também denominados aplicações financeiras, são valores alocados com objetivo de resgate com tempo definido.

O objetivo dos investimentos financeiros não é aumentar ou manter a capacidade produtiva, mas criar condições, através do mercado financeiro, para captar poupanças e direcioná-las para os agentes deficitários, incluindo as empresas que necessitam de recursos para financiarem projetos de investimentos.

Outra forma de enfocar o investimento financeiro é considerá-lo uma exigibilidade sobre ativos reais ou sobre a renda gerada por eles. Uma ação, por exemplo, representa uma obrigação da empresa com o acionista e os dividendos representam uma parcela de resultado que deve ser transformado para o investidor.

Uma terceira forma de interpretar o investimento financeiro é como um ativo que guarda a riqueza do investidor. Neste caso o investidor transforma seu dinheiro em ativos financeiros, cuja remuneração vai proteger seu poder de compra, por conseguinte mantendo a sua riqueza.

De forma ampla, existem três modalidades gerais de investimentos financeiros: os títulos de renda fixa, os títulos patrimoniais e os títulos derivativos.

Os títulos de renda fixa geram fluxos de renda definidos. Dentro deste escopo, estão a caderneta de poupança, os títulos públicos, as debêntures, entre outros.

Os títulos patrimoniais representam uma participação na propriedade da corporação, não geram fluxos fixos, sendo os rendimentos função do resultado da empresa. O principal exemplo são as ações.

Os títulos derivativos geram rendimentos determinados por outros ativos financeiros e seu valor deriva do preço desses ativos. Normalmente são formados por contratos futuros e são usados na proteção contra riscos de mercado.

1.4 Investimento, Aplicação e Especulação

Esta seção tem por objetivo diferenciar os conceitos de investimento, aplicação e especulação.

O termo investimento está definido e categorizado nas seções 1.1, 1.2 e 1.3. Dentro de suas categorias está o investimento financeiro, também denominado aplicações.

Segundo Rudge (2003, p.146) aplicação é a "compra e venda de títulos ou valores mobiliários com objetivo de obter ganhos". O autor também apresenta aplicação como opção para "emprego do capital em títulos ou valores mobiliários para produzir juros ou manter o poder aquisitivo" (RUDGE, 2003, p. 146).

Cabe aqui diferenciar os conceitos de Títulos e de Valores Mobiliários. Os Títulos são emitidos pelo setor público, a partir dos quais de forma a dívida pública e dão lastro a algumas modalidades de aplicações financeiras. Os Valores Mobiliários, por sua vez, são ativos financeiros emitidos por empresas privadas, com base nas Leis 6.385/76 e 10.303/01. Fazem parte dos Valores Mobiliários: as ações, debêntures e bônus de subscrição; os cupons, direitos, recibos de subscrição e certificados de desdobramento; os certificados de depósito de valores mobiliários; as cédulas de debêntures; as cotas de fundos de investimento em valores mobiliários ou de clubes de investimento em quaisquer ativos; as notas comerciais; os contratos futuros, de opções e outros derivativos, cujos ativos subjacentes sejam valores mobiliários; outros contratos derivativos, independentemente dos ativos subjacentes; e quando ofertados publicamente, quaisquer outros títulos ou contratos de investimento coletivo, que gerem direito de participação, de parceria ou de remuneração, inclusive resultante de prestação de serviços, cujos rendimentos advêm do esforço do empreendedor ou de terceiros.

Diante da variedade de ativos financeiros associados às aplicações, emerge o conceito de especulação. Segundo Sandroni (2005, p. 311) o termo deriva do latim *speculator*, que no uso militar descrevia o observador, aquele que vigia, o espião.

Trazendo esta concepção para o mundo da Economia, e com uma livre interpretação, o especulador passa a ser aquele que observa as fragilidades do mercado em busca de uma oportunidade de negócio.

Graham (2007, p. 40) apresenta a especulação como algo que não é ilegal, amoral, nem gera ganhos para a maioria das pessoas. É algo inevitável e necessário, especialmente, para viabilizar projetos inovadores.

Sandroni (2005, p. 311) conceitua a especulação como "compra e venda sistemática de títulos e valores mobiliários, ativos ou *commodities* com a intenção de obter lucro rápido e elevado aproveitando a oscilação dos preços".

Do exposto pode tecer um rápido paralelo entre investimento, aplicação e especulação, conforme o Quadro 1.1.

Quadro 1.1 – Quadro comparativo entre investimento, aplicação e especulação

Investimento	Aplicação	Especulação
Gastos com ativos que elevam a capacidade de produção	São operações com títulos e valores mobiliários	É uma estratégia de operação de mercado Pode envolver ativos reais ou financeiros Consiste na compra e venda de forma sistemática
É de longo prazo	Tem vários prazos e modalidades	É de curto prazo
Requer estudo sobre o impacto do investimento	Busca proteger o principal e obter ganhos adicionais	Busca ganhos imediatos
Busca ganhos que compensem a espera	Requer análise	Aproveita a oscilação do mercado

1.5 Investimentos: Visão Contábil X Visão Financeira

A visão contábil dos investimentos apresenta-os nos ativos das organizações, segmentando em ativo circulante e ativo não circulante. Os itens do ativo circulante referem-se a valores que se renovam num prazo máximo de um ano, enquanto os ativos não circulantes em prazo mínimo para renovação de 1 ano, em alguns casos como imóveis o prazo é de algumas décadas.

Dentre os ativos circulantes destacam-se a conta investimentos temporários, que abrigam aplicações financeiras de vencimento máximo de 360 dias e a conta investimentos no ativo não circulante que representam participações no capital de outras empresas.

Pela ótica financeira os ativos podem ser agrupados em cinco conjuntos: investimentos tangíveis monetários, investimentos tangíveis não monetários, investimentos intangíveis, investimentos financeiros e investimentos não operacionais.

Os itens monetários referem-se aos recursos apresentados sob a forma de dinheiro disponível em caixa e bancos e valores a receber. Os investimentos não monetários são formados por bens materiais como estoques, máquinas, imóveis etc. Os investimentos intangíveis são marcas, patentes e direitos autorais. Os investimentos financeiros são aplicações financeiras de curto prazo. Os investimentos não operacionais são itens que não geram rendimentos e que não se incluem nos grupos anteriores. Deve-se destacar que esta interpretação é de cunho gerencial e serve para interpretação do status patrimonial da empresa.

O Quadro 1.2 apresenta a estrutura dos investimentos pelo enfoque contábil e financeiro.

Quadro 1.2 – Visão contábil x Visão financeira

Visão Contábil	Visão Financeira
	Investimentos Tangíveis
Ativo Circulante	**Monetários**
Disponível	Disponível
Clientes	Clientes
Outros Créditos	**Investimentos Tangíveis Não**
Investimentos Temporários	**Monetários**
Estoques	Estoques
Despesas do Exercício	Investimentos
Seguinte	Imobilizado Líquido
	Imobilizado Bruto
Ativo Não Circulante	(-) Depreciação Acumulada
Realizável de Longo Prazo	**Investimentos Intangíveis**
Ativo Permanente	Intangível
Investimentos	**Investimentos Financeiros**
Imobilizado Líquido	Investimentos Temporários
Imobilizado Bruto	**Investimentos Não Operacionais**
(-) Depreciação Acumulada	Outros Créditos
Intangível	Despesas do Exercício Seguinte
	Realizável de Longo Prazo

1.6 Elementos da Análise de Investimentos

A partir do conceito amplo de investimentos podem ser identificados, preliminarmente, sete conjuntos de elementos que afetam os investimentos e, por conseguinte sua análise.

Primeiramente, estão os tipos de investimento: o econômico ou o financeiro. Vide as seções 1.2 e 1.3.

Em segundo lugar está a forma como o capital será alocado: aporte único, em parcelas uniformes ou em parcelas variáveis. Note-se que são três opções para definir a forma do investimento.

O terceiro conjunto é o prazo. Em princípio este elemento é único, por exemplo, 10 anos, 2 meses, 100 dias etc. Mas pode-se criar simulações com prazos alternativos, o que ampliaria o número das avaliações.

Em quarto lugar está a taxa de retorno que assume duas possibilidades: pré-fixada e pós-fixadas. As pré-fixadas são estabelecidas no início da operação. As pós-fixadas no início da operação são estabelecidos os parâmetros para a sua definição, mas a taxa nominal somente é conhecida na data do vencimento.

O quinto conjunto trata da forma de retorno, que assume quatro possibilidades: juros, dividendos com valorização de mercado; anuidades uniformes ou variáveis.

A sexta variável é o Fluxo de Caixa, ferramenta central na análise do investimento e objeto do capítulo 2, do qual se destaca o modelo para análise de investimentos.

Por fim, o sétimo conjunto de elementos são as variáveis ambientais que influem na estruturação do fluxo de caixa:

- tributação: imposto de renda sobre o lucro (real ou presumido) ou SIMPLES NACIONAL, Imposto de renda e IOF regressivos (aplicações);

- depreciação: podendo ser incluída, ou não, caso seja existem 5 métodos de cálculo;

- fontes de financiamento: são três, totalmente capital próprio, totalmente capital de terceiros, financiamento composto;

- inflação: inserida ou não na projeção, são duas opções;

- valor residual do investimento: considerado ou não;

- custo de aquisição, de manutenção e de transferência são os gastos incorporar o ativo ao patrimônio, mantê-lo durante o prazo de geração de benefícios e realizar a sua liquidação, existem algumas modalidades conforme o tipo de ativo (vide capítulo 11). Neste contexto considera-se ao menos 1.

A combinação entre os elementos deste conjunto forma 240 (4 x 5 x 3 x 2 x 2 x 1) possibilidades. Associando as opções das variáveis ambientais com os seis primeiros conjuntos tem-se, no limite, 11.520 (2 x 3 x 1 x 2 x 4 x 1 x 240) opções para avaliar um investimento.

Obviamente que esta estimativa é um exercício hipotético, uma vez que a escolha do tipo de investimento exclui uma parcela significativa dos elementos envolvidos. Mas permite perceber que há uma gama de alternativas bastante ampla para analisar investimentos.

O Quadro 1.3 apresenta os conjuntos de variáveis e os elementos dentro destes.

Quadro 1.3 – Variáveis da Análise de Investimentos

Conjunto de Variáveis	Elementos	Nº de Variáveis
Tipos de Investimento	Econômico Financeiro	2
Forma de Aporte	Único Parcelas Uniformes Parcelas Variáveis	3
Prazo	Único	1
Taxa de Retorno	Nominal Real	2
Forma de Retorno	Juros Dividendos com valorização Anuidades Uniformes Anuidades Variáveis	4
Fluxo de Caixa	Ótica do Acionista Ótica da Empresa	1
Variáveis Ambientais	Tributação Depreciação Fontes de Financiamento Inflação Valor residual Custo de Manutenção	240 Possibilidades

Questões para Revisão e Fixação

1 – Retorne ao Box 1.1 e identifique os tipos de investimentos mencionados em cada cena.
2 – Explique a(s) diferenças(s) entre Investimento Econômico e Investimento Financeiro.
3 – Explique a diferença de Investimento e Projeto de Investimentos.
4 – Por que aplicações não são investimentos?
5 – Qual a diferença entre projetos de investimento e análise de investimento?
6 – Por que há visões distintas de investimento?

2 – FLUXO DE CAIXA

Box 2.1 – Caixa

Caixa vem do latim *capsa* e descreve cofre ou arca. Atualmente o termo tem quinze acepções diferentes, um substantivo feminino para descrever um objeto ou masculino para descrever um ativo. Dentre as acepções destaca-se aquela empregada em Contabilidade.

A origem da aplicação contábil do termo vem do uso de uma arca ou cofre, a *capsa*, para guardar e transportar dinheiro na Idade Média.

O caixa tornou-se referência na gestão financeira e sobre isto se destacam duas citações:

É o caixa que manda? (Atribuída a Donald Trump)

Felicidade é um Fluxo de Caixa positivo (Fred Adler)

Análise por definição consiste em decompor o todo em partes para estudar essas partes e compreender esse todo. O todo é o investimento. Segundo Minsky (2013) o investimento envolve a troca de dinheiro no presente por dinheiro no futuro. A questão é que o futuro é permeado de incertezas.

A incerteza, segundo Maroni Neto (2015) é o resultado de uma ação que não pode ser antecipadamente conhecido, nem calculada a probabilidade de ocorrer algo diferente do que se espera. Quando calculada a probabilidade da incerteza identifica-se o risco.

No caso do investimento a incerteza se manifesta sob a forma de expectativas de preços futuros, de condições de crédito, da demanda efetiva, entre outras variáveis da conjuntura macro e microeconômica.

Desta forma, o investimento é uma decisão, no momento presente, de aplicação de recursos, cujo retorno será afetado por variáveis que só serão conhecidas após a aplicação deste recurso. Para minimizar os efeitos da incerteza é necessário construir cenários de decisão.

Os cenários exigem projeções das variáveis aplicadas em um modelo de análise que permita compreender as partes, identificar os elementos afetados pela incerteza, a partir daí simular resultados e tomar decisão.

Este capítulo tem por objetivo apresentar o primeiro elemento do modelo de análise de investimento: o fluxo de caixa, que juntamente com os dois capítulos posteriores formam o tema elementos básicos para análise de investimento.

2.1 Aspectos Conceituais do Fluxo de Caixa

A expressão "Fluxo de Caixa" descreve a movimentação financeira que passa pelo caixa / disponível[2] da empresa. O termo caixa abarca a movimentação de numerário em espécie, depósitos em contas bancárias, numerário em trânsito e aplicações financeiras de curto prazo. Assim, o fluxo de caixa também se apresenta como um instrumento que auxilia a Análise de Investimento, visualizando as movimentações financeiras ao longo do tempo.

No entanto, deve-se destacar que a expressão Fluxo de Caixa traz consigo um grau de complexidade acentuado, uma vez que é confundido com o lucro gerado e que possui várias aplicações.

2.1.1 Fluxo de Caixa Versus Lucro

Primeiramente, deve-se separar o conceito de fluxo de caixa do conceito de lucro.

O lucro é o resultado que ocorre em determinado período e que surge pelo cotejamento entre receitas, impostos, custos e despesas. O lucro se manifesta a partir do regime de competência. Assim, as receitas de vendas do mês de Abril de determinado ano, por exemplo, serão confrontadas com os impostos destacados na venda, com os custos incorridos para sua geração, e com as despesas do mês, para identificado do resultado do mês de Abril.

A Tabela 2.1 apresenta o Demonstrativo de Resultado do Exercício da empresa **AnaLógica Produtos para Informática** para o mês de Abril. Note-se que a empresa no período gerou vendas de no valor de $140 mil e que seu resultado líquido foi um lucro de R$7.254,00, cerca de 5,2% das vendas brutas.

---

[2] As normas internacionais têm adotado o conceito de Caixa e Equivalentes de Caixa (IUDICIBUS et al, 2010)

Receitas de Vendas	**140.000,00**
(-) Impostos sobre Vendas	42.000,00
(=) Receita Líquida	98.000,00
(-) Custo dos Produtos Vendidos	56.840,00
(=) Lucro Bruto	**41.160,00**
(-) Despesas Operacionais	30.000,00
(=) Resultado Operacional	**11.160,00**
(-) PPIR	3.906,00
(=) Lucro Líquido	**7.254,00**

Tabela 2.1 – Demonstrativo de Resultado do Exercício: AnaLógica

O fluxo de caixa por sua vez incorpora o prazo de realização dos fatos contábeis ocorridos no período. Assim, as vendas do mês de abril podem entrar no caixa apenas em Maio ou em Junho; os custos, despesas e impostos também poderão participar da movimentação do caixa em outros períodos.

A Tabela 2.2 apresenta o fluxo de caixa referente às ocorrências do mês de Abril da empresa **AnaLógica**. Para compreender a distinção entre lucro e fluxo de caixa o leitor deve se posicionar no primeiro dia de Maio, quando o resultado de Abril já foi apurado, mas a movimentação de caixa ocorrerá nos períodos subsequentes. Além disso, sabe-se que:

a) das receitas de vendas do mês de abril 36% foram recebidas no próprio mês, 32% em Maio e 32% em junho;

b) os impostos sobre as vendas de abril serão pagos em Maio;

c) os custos referem-se à aquisição de materiais, cujos pagamentos são distribuídos da seguinte forma: 35% em Abril, 33% em Maio e 32% em Junho;

d) as despesas são formadas por salários, aluguel e serviços diversos;

e) 43% dos salários foram pagos em Abril e o saldo será pago em Maio;

f) o aluguel será pago em Maio e os serviços foram pagos no próprio mês;

g) há depreciação de R$1.000,00 e provisão para imposto de renda de R$3.906,00, que não afetam o caixa.

	Abril	Maio	Junho
1 - Entradas de Caixa	**50.000,00**	**45.000,00**	**45.000,00**
Vendas Abril	50.000,00	45.000,00	45.000,00
2 - Saídas de Caixa	**32.000,00**	**77.840,00**	**18.000,00**
Impostos sobre Vendas		42.000,00	
Aquisição de Materiais	20.000,00	18.840,00	18.000,00
Salários	10.000,00	13.000,00	
Aluguel		4.000,00	
Serviços Diversos	2.000,00		
3 - Saldo de Caixa (1 - 2)	**18.000,00**	**-32.840,00**	**27.000,00**
Saldo Inicial		18.000,00	-14.840,00
(4) Saldo Final	**18.000,00**	**-14.840,00**	**12.160,00**
(-) Depreciação			1.000,00
(-) PPIR			3.906,00
Lucro Líquido			**7.254,00**

Tabela 2.2 – Fluxo de Caixa AnaLógica

Nota-se que o saldo de caixa será deficitário em Maio e que o lucro somente se realizará, conforme o DRE, em junho com a inclusão da depreciação e da provisão para imposto de renda, que são valores que não transitam pelo caixa, mas impactam no resultado, por isso a inserção das três últimas linhas da Tabela 2.2.

2.1.2 Complexidade do Fluxo de Caixa

O modelo de fluxo de caixa da AnaLógica Produtos de Informática tem como horizonte temporal o curto prazo (três meses) e gera informações apenas sobre os pagamentos e os recebimentos operacionais que serão realizados com base nas operações do mês de Abril. No entanto, o fluxo de caixa não se aplica apenas em situações de curto prazo ou no presente.

O termo fluxo de caixa se aplica na movimentação financeira em vários momentos do tempo. A movimentação financeira pode ter acontecido no passado, pode ocorrer no presente – que é caso do exemplo apresentado no item anterior – ou no futuro abrangendo vários anos a frente, que é o caso da Análise de Investimentos.

Essa complexidade conceitual leva a formação de vários modelos de fluxo de caixa, cada qual atendendo necessidades informacionais específicas. A seção 2.2 apresenta os modelos de fluxo de caixa, mas para fins da Análise de Investimentos o modelo que importa é aquele que retrata o futuro de longo prazo.

2.1.3 Estrutura Básica

Na Análise de Investimentos adotam-se modelos de fluxo de caixa que projeta a geração de caixa a partir do investimento. Sua função é expor as entradas e as saídas de caixa de um projeto, permitindo avaliar a viabilidade do investimento.

O Quadro 2.1 apresenta o modelo básico que expressa o Fluxo de Caixa Livre (FCL). Deve-se observar que o modelo se inicia com apuração do FCO, a partir do lucro líquido e das transações que afetam o resultado, mas não o caixa. Além disso, os itens novos investimentos e variação de capital de giro são negativos, pois representam saídas de caixa.

Quadro 2.1 – Fluxo de Caixa: estrutura básica

(1)	Lucro Líquido	
(2)	(+) Depreciação	
(3)	**= Fluxo de Caixa das Operações - FCO (1) + (2)**	
(4)	Novos Investimentos	
(5)	Variação do Capital de Giro	
(6)	**= Fluxo de Caixa Livre - FCL (3)+(4)+(5)**	

2.1.4 Diagrama do Fluxo de Caixa

O demonstrativo pode ser apresentado pelo Diagrama do Fluxo de Caixa, que representa a movimentação financeira ao longo tempo. Suas características são:

- reta horizontal que mostra a perspectiva temporal da operação;

- o ponto n_o indica o momento inicial da operação;

- as setas para cima de linha do tempo representam as entradas e para baixo a saída.

A Figura 2.1 apresenta o diagrama do fluxo de caixa.

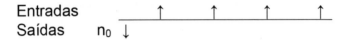

Figura 2.1 – Diagrama do Fluxo de Caixa

2.1.5 Convenções

n	número de períodos das unidades temporais temporais, adota-se como padrão n = 0 para data inicial da operação
Co	Capital inicial
I	Capital inicial ou Investimento em n_o;
Cf	Capital no futuro
FCL	Fluxo de Caixa Livre ou Capital no futuro, montante, resgate ou principal mais rendimentos, corresponde ao valor final do capital inicial, aplicado por uma taxa i por n períodos
J	Juros, refere-se a remuneração do capital inicial em um período de tempo J = Cf – Co
i	Taxa de Juros
P	Somatório de parcelas a serem pagas / recebidas em n_o
R	Parcelas a serem pagas / recebidas ao longo do tempo
S	Somatório de parcelas a serem pagas / recebidas em n_n

A Figura 2.2 apresenta a disposição das convenções dentro do diagrama do fluxo de caixa.

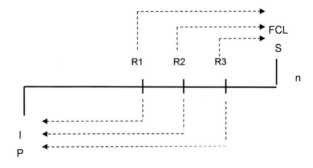

Figura 2.2 – Diagrama do Fluxo de Caixa e Convenções

2.2 Modelos de Fluxo de Caixa

Esta seção tem por objetivo apresentar quatro modelos de fluxo de caixa organizados em três grupos. Deve-se destacar que os grupos e os modelos foram desenvolvidos para atender as necessidades informacionais e de tomada de decisão das organizações.

O primeiro grupo traz os modelos contábeis, cuja finalidade é expor a movimentação do caixa no passado. O segundo grupo apresenta a movimentação financeira do tempo presente, voltada para o futuro de curto prazo. O terceiro grupo exibe demonstrativos aplicados na Análise de Investimentos.

2.2.1 Modelos Contábeis

Os modelos contábeis do fluxo de caixa têm por objetivo apresentar as movimentações financeiras que transitaram pelo caixa ou disponível da organização em um período anterior. São os denominados Demonstrativos de Fluxo de Caixa – DFC, estabelecidos com a Lei 11.638/07 (IUDICIBUS *et al.*, 2010). As estruturas foram definidas pelo Pronunciamento Técnico CPC 03 e traz dois modelos: o direto e o indireto, que se apresentam nos Quadros 2.3 e 2.4.

A estrutura básica parte da segmentação das atividades das empresas em três núcleos: atividades operacionais, atividades de investimentos e atividades de financiamento. A soma dos saldos gerados em cada atividade deve vir ao encontro da variação do caixa ou disponível nos períodos enfocados.

A atividade operacional descreve a movimentação que transitou pelo caixa oriundo do negócio principal da empresa, adicionado às variações nos ativos e passivo circulantes. Em condições normais as empresas geram caixa com as atividades operacionais

A atividade de investimentos descreve as aquisições e baixas nos ativos não circulantes. Destaque-se que este item normalmente gera caixa negativo, pois as empresas ao fazerem investimentos consomem caixa.

As atividades de financiamento descrevem a entrada de capital pelos sócios, novos empréstimos e financiamentos, amortizações, pagamentos e recebimentos de juros e dividendos. Este conjunto pode consumir caixa se houver amortizações ou gerar caixa se houver novos ingressos.

Os dois modelos desenvolvidos são construídos a partir do DRE, no entanto, evidenciam o caixa gerado ou consumido com as atividades operacionais de formas distintas.

O Modelo Direto (Quadro 2.3) é elaborado de cima para baixo do DRE, apresentando os itens de receitas, impostos, custos e despesas, desconsiderados aqueles que não afetam o caixa, como depreciação, por exemplo. Neste modelo são expostos os elementos que formam o resultado operacional que transita pelo caixa aos quais são somadas as variações dos itens do circulante. Como resultado tem-se a geração do caixa operacional.

Quadro 2.3 – DFC Método Direto

ATIVIDADES OPERACIONAIS	VALOR
Receitas Operacionais Brutas	
(-) Impostos Sobre Faturamento	
(-) Custo do Produto Vendido (CPV)	
(-) Despesas Operacionais	
(-) Variações Positivas de Ativos Circulantes * (-) Variações Negativas de Passivos Circulantes *	
(+) Variações Negativas de Ativos Circulantes * (+) Variações Positivas de Passivos Circulantes *	
1 - Geração de Caixa Operacional	
ATIVIDADES DE INVESTIMENTOS	
(-) Aquisições de Imobilizado	
(-) Investimentos em outras Companhias	
(+) Vendas de Ativos não Circulantes	
2 – Geração de Caixa por Investimentos	
ATIVIDADES DE FINANCIAMENTO	
(+) Aporte de Capital	
(+) Financiamentos e Empréstimos	
(-) Amortização de Financiamento e Empréstimos	
(-) Pagamentos de juros e dividendos	
(+) Juros e Dividendos recebidos	
3 – Caixa Gerado com Financiamentos	
4 - Fluxo de Caixa Total (1+2+3)	
5 - Saldo Inicial do Disponível	
6 – Saldo Final do Disponível (4+5)	

* Exceto Disponível

O Modelo Indireto (Quadro 2.4) faz o caminho inverso, pois parte do Resultado Líquido (lucro ou prejuízo), excluindo ou adicionando itens que impactaram no resultado, mas não transitaram pelo caixa. Em outras palavras, o Modelo Indireto é elaborado também a partir do DRE, porem de baixo para cima, com vistas a identificar o resultado operacional que transita pelo caixa. Para isto ao resultado líquido são adicionados ou subtraídos os valores que afetaram o resultado, mas que não transitam pelo caixa, com vista a identificar o resultado ajustado.

Ao resultado ajustado são adicionadas as variações dos itens do circulante que por sua vez informa o caixa gerado ou consumido com as atividades operacionais.

Quadro 2.4 – DFC Método Indireto

ATIVIDADES OPERACIONAIS	VALOR
Resultado Líquido do Exercício	
(+) Depreciação e Amortização	
(+/-) Resultados de vendas de Ativos não Circulantes	
(+/-) Equivalência Patrimonial	
(+/-) Outros itens de resultado que não afetam o caixa	
(-) Aumentos / (+) Reduções de Ativos Circulantes *	
(+) Aumentos / (-) Reduções de Passivos Circulantes	
1 - Geração de Caixa Operacional	
ATIVIDADES DE INVESTIMENTOS	
(-) Aquisições de Imobilizado	
(-) Investimentos em outras Companhias	
(+) Vendas de Ativos não Circulantes	
2 – Geração de Caixa por Investimentos	
ATIVIDADES DE FINANCIAMENTO	
(+) Aporte de Capital	
(+) Financiamentos e Empréstimos	
(-) Amortização de Financiamento e Empréstimos	
(-) Pagamentos de juros e dividendos	
(+) Juros e Dividendos recebidos	
3 – Caixa Gerado com Financiamentos	
4 - Fluxo de Caixa Total (1+2+3)	
5 - Saldo Inicial do Disponível	
6 – Saldo Final do Disponível (4+5)	

* Exceto Disponível

2.2.2 Orçamento de Caixa

O Orçamento de Caixa é o terceiro modelo de fluxo de caixa. Sua finalidade é apresentar no momento presente as perspectivas de pagamentos e de recebimentos para o futuro de curto prazo.

É um modelo dinâmico, pois à medida que os dias, semanas e meses passam o modelo deve sofre ajustes. Cabem aqui algumas observações relevantes:

a) o futuro de curto prazo se estende, no máximo a um ano, sendo segmentado em períodos menores;

b) orçamento de caixa deve ser gerenciado diariamente, detalhado nas quatro primeiras semanas do mês corrente, projetado para os dois meses subsequentes e esboçado para os demais trimestres do ano;

c) a medida que o tempo passa e as informações se consolidam, o orçamento de caixa deve ser atualizado com trimestres sendo projetados em meses, meses detalhados em semanas e semanas em dias.

O Quadro 2.5 apresenta o modelo de Orçamento de Caixa. Este modelo é segmentado em duas movimentações: operacional e financeira. A movimentação operacional apresenta as entradas e as saídas vinculadas ao negócio principal da organização. O resultado da movimentação operacional forma o saldo operacional que exprime superávits ou déficits ao longo do horizonte de projeção.

A segunda parte do modelo é a movimentação financeira que se inicia a partir do saldo operacional. Deve-se destacar que o saldo operacional se deficitário deve ser financiado e se superavitário deve ser alocado em algum lugar. A movimentação financeira vai auxiliar a gestão do caixa, pois identifica o momento em que o déficit irá ocorrer, bem como quando haverá superávit. Isto permite buscar fontes de financiamento ou aplicar o excedente sem correr risco de ficar sem dinheiro.

Quadro 2.5 – Orçamento de Caixa

Movimentação Operacional	Valor por Dia do Mês
1 – Entradas	
1.1 À Vista, PIX, Cartões de Débito 1.2 Cheques Pré 1.3 Cartões de Crédito 1.4 Cobranças Bancárias	
2 – Saídas	
2.1 Impostos 2.2 Aluguel e Condomínio 2.3 Salários e Encargos 2.4 Materiais 2.5 Aquisições Diversas 2.6 Serviços Públicos 2.7 Serviços Privados 2.8 Novos Investimentos 2.9 Outros Desembolsos	
3 – Saldo Operacional (1-2)	
Movimentação Financeira	
4 - Saldo Inicial	**Saldo Final do Período Anterior**
5 – Resgates de Aplicações	
6 – Operações de Crédito	
7 – Receitas Financeiras	
8 – Saldo das Fontes (3 + 4 + 5 +6+7)	
9 – Saldo Mínimo de Caixa	
10 – Amortizações de Dívidas	
11 – Aplicações Financeiras	
12 – Despesas Financeiras	
13 – Saldo Final (8-9-10-11-12)	**Valor Disponível**

2.2.3 Modelo para Análise de Investimentos

O modelo de fluxo de caixa para Análise de Investimentos tem por enfoque básico o retorno do capital do acionista, considerando-os como proprietários e tomadores de decisão. Este modelo apresenta-se no Quadro 2.6.

Sob a ótica conceitual o fluxo de caixa tem que demonstrar o resultado operacional. Para tanto, parte-se da projeção de vendas físicas (volume) e do preço unitário. O custo é apresentado em termos unitários e totais, tomando por base qualquer método de custeio, porem o mais indicado é o custeio variável. O custo do produto vendido (CPV) e as despesas operacionais são líquidas da depreciação e da amortização, item destacado na linha 11. Com isto fica evidenciado o resultado operacional que deverá impactar diretamente no caixa.

Note-se que o modelo, além das receitas brutas e líquidas dos custos do produto vendido e do lucro bruto, também evidencia:

a) EBITDA – *earnings before interest, tax, depreciation and amortization* – lucro antes dos impostos, juros, depreciação e amortização, equivale ao resultado operacional;

b) EBIT – *earnings before interest, tax* – lucro antes dos impostos e juros, equivale ao resultado operacional excluído das despesas de depreciação e de amortização;

c) EBT – *earnings before tax* – lucro antes dos impostos equivale ao lucro antes do imposto de renda (LAJIR).

Sobre a depreciação e a amortização, é importante enfatizar que como despesas reduz o resultado, ao ser deduzido do EBITDA. Porém, após a apuração do Lucro Líquido é adicionado a este para compor o Fluxo de Caixa das Operações, uma vez que não transita pelo caixa.

Quadro 2.6 – Fluxo de Caixa da Empresa

Estrutura	Valor
1 – Volume	
2 – Preço	
3 – Receitas Operacionais Brutas (ROB) (1 x 2)	
4 – Impostos Sobre Vendas	
5 - Receitas Operacionais Líquidas (ROL) (3 – 2)	
6 – Custo do Produto Vendido Unitário	
7 – Custo do Produto Vendido Total (1 x 6)	
8 – Lucro Bruto (5 – 7)	
9 – Despesas Operacionais	
10 – Resultado Operacional antes Depreciação e Amortização (8 – 9) – EBITDA	
11 – Depreciação e Amortização	
12 – Resultado Operacional (10 -11) – EBIT	
13 – Despesas Financeiras	
14 – Resultado Operacional e Financeiro (12 – 13) – EBT	
15 – Provisão para IR e CS	
16 – Lucro Líquido	
17 – Depreciação e Amortização	
18 – Fluxo de Caixa das Operações	
19 – Investimentos	
20 – Variação do Capital de Giro	
21 – Novos Financiamentos	
22 – Amortização de Dívidas	
23 – Dividendos Preferenciais	
24 - Fluxo de Caixa Líquido dos Acionistas [18 – (19+20-21+22+23)]	

Ao fluxo de caixa das operações (linha 18) é acrescentada as movimentações referentes a:

a) Investimentos, que expressa os desembolsos de capital do projeto;

b) Variação do capital de giro, que representa os acréscimos com estoques, financiamento de clientes e disponível mínimo que estão associados ao projeto;

c) Novos Financiamentos, formado por entradas provenientes de capital de terceiros de longo prazo;

d) Amortização de Dívidas, as dívidas em questão são aquelas listadas como novos financiamentos, na linha 22 é apresentada a perspectiva de pagamento da dívida, os serviços associados (juros e outras despesas financeiras são anotados na linha (13);

e) Dividendos preferenciais são as distribuições de lucros programados para os acionistas portadores de ações preferências.

As movimentações acrescentadas ao fluxo de caixa operacional forma o fluxo de caixa líquido que é o valor objeto dos acionistas ordinários.

Vale a pena destacar que se pode retirar um extrato do modelo apresentado, conforme Quadro 2.7. Este extrato vem ao encontro do modelo básico do Quadro 2.1 e descreve o modelo do fluxo de caixa pela ótica da empresa. Neste modelo IR é a alíquota do imposto de renda, que é excluído do EBIT para encontrar o resultado após o imposto.

Quadro 2.7 – Extrato do Fluxo de Caixa: ótica da empresa

(1)	**EBIT x (1 – IR)**
(2)	Depreciação e Amortização
(3)	**Fluxo de Caixa das Operações (1 + 2)**
(4)	Investimentos
(5)	Variação do Capital de Giro
(6)	**Fluxo de Caixa Líquido da Empresa (3 – 4 – 5)**

As informações sobre o investimento, incluindo a variação do capital de giro, podem ser apresentadas em um quadro de usos de fontes do projeto, conforme Quadro 2.8.

Na coluna da esquerda estão descritos os gastos com investimentos a serem realizados. Envolvem aqui todos os desembolsos para estruturar operacionalmente o empreendimento, mais gastos pré-operacionais, que abarca publicidade inicial, gastos como mão de obra técnica, despesas com contratos entre outros; mais o capital de giro previsto.

Na coluna da direita apresentam-se as fontes de financiamento dos investimentos, que envolve capital de terceiros e capital próprio. Deve-se destacar que o total das colunas devem ser iguais.

Quadro 2.8 – Quadro de Usos e Fonte

Usos	Valor R$	Fontes	Valor R$
Terrenos		Financiamentos	
Obras Civis			
Máquinas e Equipamentos		Aporte de Capital dos Sócios	
Gastos com Instalação			
Treinamento da Mão de Obras			
Gastos Pré-Operacionais			
Capital de Giro			
Total		**Total**	

Questões para Revisão e Fixação

1 – Retorne ao Box 2.1 e associe as frases com os conceitos desenvolvidos no capítulo.

2 – Explique por que lucro não é caixa.

3 – Explique as diferenças informacionais apresentadas em cada modelo do Fluxo de Caixa

4 – Explique a diferença entre Fluxo de Caixa Livre e Fluxo de Caixa Operacional.

5 – Explique a diferença entre as informações prestadas pelo Fluxo de Caixa do da empresa e do acionista.

3 – VARIÁVEIS QUE INFLUEM NO FLUXO DE CAIXA

Box 3.1 – Variáveis

Em termos metodológicos "variável é um aspecto ou dimensão de um fenômeno... que pode assumir diferentes valores" (FACHIN, 2001).

A autora citada faz uma taxonomia das variáveis com relação a gênero, espécie e categorias. Destacam-se neste caso as variáveis por espécie: independentes, dependentes e interveniente.

A variável independente influi no resultado de outra variável. Por exemplo: preço é uma variável independente em relação ao volume consumido. A variável dependente, por sua vez sofrem alterações em decorrência de outras. Por exemplo, o volume comprado depende do preço do produto. A variável interveniente se coloca entre as duas outras variáveis podendo ampliar, reduzir ou anular o impacto da variável independente sobre a dependente. Por exemplo, o gasto com propaganda pode aumentar o volume consumido independente da relação desta com o preço.

Após apresentar no capítulo precedente o modelo de fluxo de caixa para análise de investimento, cabe descrever o processo de estruturação e as variáveis relevantes na sua construção, sendo este o objetivo deste capítulo.

Para consecução deste objetivo, o presente capítulo se inicia apresentando os principais elementos do fluxo de caixa: investimentos e EBITDA.

Em seguida analisa-se dois aspectos relevantes na projeção do fluxo de caixa líquido (FCL): financiamento e a definição de valor residual e perpetuidade. Complementa o capítulo algumas considerações sobre tributação e sobre os métodos de depreciação.

3.1 Estruturando o Fluxo de Caixa

A estruturação do fluxo de caixa, conforme o modelo apresentado no Quadro 2.9 – capítulo 2, segue três etapas: definição do valor dos investimentos, projeção do EBITDA e estimativa do FCL.

3.1.1 Definição do Investimento

A primeira etapa consiste em apresentar os investimentos pertinentes ao projeto avaliado. Esta etapa é composta por cinco fases: identificação do investimento em ativos não circulantes, cálculo do capital de giro, fixação do método e cálculo da depreciação, projeção dos custos adicionais e definição das fontes de financiamento.

A identificação dos investimentos em ativos não circulantes envolve a aquisição do ativo, o custo de instalação, testes pré-operacionais e treinamento de pessoal. Nesta fase decide-se sobre o emprego e a estimativa do valor residual dos ativos investidos, o que vai impactar na depreciação e no FCL.

A segunda fase é a definição da variação do capital de giro, cujo valor se incorpora ao rol dos investimentos não circulantes. Deve-se destacar que a variação do capital de giro se manifesta sob a forma de elevação de estoques, financiamento de vendas a prazo e aumento do saldo de caixa.

Definido o investimento em ativos fixos e capital de giro, segue a fixação do método e o cálculo da depreciação, conforme seção 3.4. Destaca-se que a escolha do método afeta apenas o resultado projetado, não alterando o FCL, pois a depreciação é um custo que não transita pelo caixa.

Como derivada do investimento em ativos não circulantes está a projeção de custos adicionais, como manutenção, energia, salários e encargos e outros necessários para manter o ativo em funcionamento, que irão se incorporar aos custos fixos.

A última fase da primeira etapa é a definição das fontes de financiamento. Esta fase é importante, pois gera três informações complementares: o plano de amortização e despesas financeiras, se houver financiamento com capitais de terceiros; e o plano de distribuição de dividendos. Todas essas informações são carregadas para o cálculo do FCL.

3.1.2 Projeção do EBITDA

A segunda etapa é a projeção do EBITDA que se desenvolve a partir das projeções de demanda, das vendas e do preço. Com esses elementos estima-se a receita operacional bruta, da qual é abatido o imposto sobre vendas e apurada a receita operacional líquida.

Em uma segunda fase estabelecem-se os custos de produção, que pode empregar um dos seguintes métodos de custeio: por absorção, ABC, direto ou variável. Para fins de decisão recomenda-se o uso do custeio variável apontando como custo os gastos com materiais diretos e colocando os demais itens de custos como fixos. É importante frisar que o custeio variável tem várias vantagens na estruturação do fluxo de caixa, mas cada caso de investimento, em cada empresa, deve ser analisado cuidadosamente, para definir o método mais adequado.

A composição entre receitas operacionais líquidas e custo variável total resultam na margem de contribuição total, valor que irá financiar os custos fixos, despesas operacionais e despesas financeiras. Caso se opte por outro método de custeio a denominação adequada é lucro bruto.

Completa esta fase a projeção das despesas operacionais que incluem as despesas administrativas, de vendas e gerais, que são gastos associados às atividades não relacionadas com a produção.

A margem de contribuição (ou o lucro bruto) excluída dos custos fixos e despesas operacionais resulta no EBITDA. Destaca-se que a depreciação não está inclusa nos custos e despesas, pois é destacado após o cálculo do EBITDA.

3.1.3 Estimativa do FCL

Apurado o EBITDA inclui-se no modelo de Fluxo de Caixa a depreciação projetada durante o levantamento dos investimentos e as despesas financeiras estimadas ao analisar as fontes de financiamento. Inclui-se também a provisão para imposto de renda e contribuição social, conforme descrito da seção 3.3. Com estas informações encontra-se o lucro líquido que é somado a depreciação para encontrar o Fluxo de Caixa Operacional (FCO).

Na sequência inclui-se o valor dos investimentos e a variação do capital de giro, as amortizações projetadas e o plano de distribuição de dividendos para encontrar o FCL. Faz parte desta etapa decidir sobre o da perpetuidade e do valor residual nas projeções.

3.2 Decisões Estratégicas na Projeção do FCL

A estruturação do FCL também envolve duas decisões estratégicas. A primeira é como financiar o projeto. A segunda diz respeito ao emprego do valor residual e da perpetuidade nas projeções. As escolhas impactam no FCL projetado, bem como na análise de viabilidade do projeto.

3.2.1 Como financiar o projeto

De forma ampla existem duas fontes de financiamento para os projetos: capital de terceiros e capital próprio, independente da modalidade operacional do financiamento (ações, debêntures, financiamentos institucionais etc.).

O Quadro 3.1 traça um breve comparativo entre as duas fontes.

Quadro 3.1 – Breve comparativo entre capitais de terceiros e próprio

Aspectos	Capital de Terceiros	Capital Próprio
Positivos	São mais baratos	Não tem prazo fixo para retorno Sócios Assumem riscos
Negativos	Tem prazo para retorno Empresa assume risco	São mais caros dos capitais
Efeitos	Endividamento Elevado Maior Risco Maior Retorno	Baixo endividamento Baixo Risco Baixo Retorno

A adoção de financiamentos com capitais de terceiros pressiona o FCL para baixo reduzindo a geração de caixa e, por conseguinte, o retorno esperado, ao mesmo tempo em que eleva o prazo de retorno, elevando o risco. Este fato deriva da existência de despesas financeiras e de amortizações da dívida. Por outro lado, o capital próprio terá uma menor participação e o resultado gerado eleva o retorno individual dos sócios.

3.2.2 Valor Residual e Perpetuidade

Os projetos são analisados dentro de um horizonte temporal limitado ao retorno esperado, a capacidade de produção ou das expectativas sobre o comportamento de mercado. Neste contexto surge a seguinte questão: o que fazer com o investimento após o tempo de projeção?

A resposta pode gerar uma descontinuidade do projeto, liquidando-se o ativo, a substituição por novos ativos ou a continuidade da produção. Em ambas as situações haverá um impacto na geração de caixa, que deve ser estimado de alguma forma. Aparecem aí as concepções de valor residual e de perpetuidade.

O Valor residual é o valor resultante da liquidação de um investimento de longo prazo. A Perpetuidade consiste na perspectiva da continuidade de geração dos benefícios após o período de projeção.

Ao adotar a perpetuidade infla-se o resultado projetado no último período, com isso os indicadores de viabilidade expressam um retorno maior, se comparado com um cenário sem a perpetuidade. Com relação ao prazo de retorno este não se altera.

Deve-se deixar explícito que o resultado avaliado é fruto de uma projeção hipotética, pois não está considerando, efetivamente, as condições de mercado que estão expostas fortemente a incerteza.

Com relação ao valor residual sua inserção no fluxo de caixa terá um impacto expressivo à medida que o valor projetado se aproximar do valor investido. No entanto, sendo um valor residual é apresentado no primeiro período fora do horizonte de projeção poderá pressionar o retorno para baixo.

3.3 Tributação

O tributo, conforme o Código Tributário Nacional, "é toda prestação pecuniária compulsória, em moeda ou cujo valor nela se exprimir, que não constitua sanção de ato ilícito instituída em lei e cobrada mediante atividade administrativa plenamente vinculada" (BRASIL, 2022).

Em outras palavras, tributo é um pagamento obrigatório, que não seja multa, prevista em lei e cobrada sobre alguma coisa que possa ser avaliada (ZANATTA e MARONI NETO, 2006).

Dentro deste escopo encontram-se os impostos, taxas e contribuições. Neste texto destaca-se a tributação que recaí sobre as empresas no âmbito dos três sistemas de tributação: SIMPLES NACIONAL, Lucro Presumido e Lucro Real.

O SIMPLES NACIONAL – nome simplificado do Regime Especial Unificado de Arrecadação de Tributos e Contribuições devidos pelas Microempresas e Empresas de Pequeno Porte, criado pela Lei Complementar 123 de 2006 e pautado pela Resolução GCSN nº 140, de 22 de Maio de 2018 – tributa as receitas brutas de vendas ocorridas mensalmente pela taxa que se encontra na faixa em que ocorrer o acumulado anual (ZANATTA e MARONI NETO, 2006).

A alíquota é determinada em função do porte (microempresa ou empresa de pequeno porte); faixa de faturamento até R$360 mil para microempresas e entre R$360 mil e R$4,8 milhões para as empresas de pequeno porte e pela atividade econômica conforme estabelecida na legislação.

O Lucro Presumido é uma segunda forma de tributação das empresas, tendo como limite o faturamento máximo de R$78 milhões, pelo qual se estabelece, conforme a atividade econômica, por um percentual pré-fixado pela Receita Federal qual o seu lucro, sobre o qual incidem o Imposto de Renda Pessoa Jurídica (IRPJ), seu adicional e a Contribuição Social sobre o Lucro Líquido (CSLL).

A Tabela 3.1 apresenta as alíquotas aplicáveis sobre a receita bruta para estabelecer a base de cálculo do Lucro Presumido. Sobre esta base incidem os tributos apresentados na Tabela 3.2.

ATIVIDADE	ALÍQUOTA
Revenda de combustíveis	1,6%
Prestação de serviços em geral, administração, construção, corretagem	32,0%
Serviços de Transporte (exceto carga)	16,0%
Revenda de mercadoria, venda de fabricação própria, atividade rural	8,0%

Tabela 3.1 – Alíquotas aplicáveis a Receita Bruta

O Lucro Real, como o nome sugere, apura o lucro tributável efetivamente gerado no período. Não havendo restrições para as empresas adotarem este sistema. Sobre o lucro tributável incidem as alíquotas apontadas na Tabela 3.2.

Tributo	Base de Cálculo	Alíquota
IRPJ Imposto de Renda Pessoa Jurídica	Lucro	15%
Adicional IRPJ (parte do lucro acima de R$20 mil)	Lucro	10%
CSLL Contribuição Social sobre o Lucro Líquido	Lucro	9%

Tabela 3.2 – Tributação sobre o Lucro

3.4 Depreciação

A análise etimológica da palavra depreciação leva ao verbo latino *depretiare*, cuja sílaba – *de* – indica movimento de cima para baixo e a sílaba – *pretiare* – representa valor, preço. Assim, uma interpretação livre dá à palavra o sentido de redução (movimento de cima para baixo) de valor, o que explicaria o sentido vulgar do termo.

Aplicado ao mundo dos fenômenos econômicos, o vocábulo depreciação refere-se, de maneira ampla, a perda do valor de um ativo entre dois momentos no tempo, tornando-se necessário, então, apurar o valor perdido e alocá-lo nos resultados das entidades.

Ainda dentro da questão conceitual, porém de forma pontual existem três enfoques do ativo sobre a perda de valor, cuja definição se manifesta em função do tipo de ativo. O primeiro é a depreciação que especificamente se aplica aos ativos imobilizados como máquinas, prédios, veículos etc. O segundo termo é a amortização que se refere aos ativos intangíveis ou imateriais como marcas, patentes e direitos autorais. O terceiro é a exaustão que trata da perda de valor de direitos de exploração dos recursos naturais. Para fins deste trabalho adota-se o termo genérico depreciação.

A depreciação – no seu sentido econômico – deve ser entendida como a redução periódica do valor do imobilizado, causada pela variação da capacidade prevista de um ativo gerar receitas. (SAVAGE E SMALL, 1979).

O enfoque econômico da depreciação – derivado da transferência do valor do ativo para o produto, da redução do valor ativo em virtude da queda no potencial de geração de benefícios ou dos avanços tecnológicos e a inclusão do valor perdido no custo de produção – dá origem a duas questões que merecem ser analisadas com mais detalhe. A primeira trata das causas da perda do valor e da decisão de substituir o ativo, a segunda discute a formas econômicas para mensurar o valor perdido.

3.4.1 As Causas da Perda de Valor e a Substituição do Ativo

A perda do valor do ativo está associada a redução do potencial de geração de benefícios, fato que implicará na sua substituição. O valor, neste contexto, deve ser entendido como o rendimento líquido, ou quase renda, ou ainda fluxo de caixa líquido (FCL). Qualquer que seja a denominação deve ser compreendida como a diferença entre receitas e despesas (excluída a depreciação e os juros de financiamento do ativo).

Pela ótica econômica a depreciação é formada por elementos internos e externos ao processo produtivo.

Os elementos internos são compostos por causas físicas que decorrem do desgaste do uso do ativo, do nível de operações, da percentagem de utilização da capacidade produtiva e do ambiente de uso. Os elementos internos afetam a vida útil do ativo e as despesas operacionais, pois em função destes o ativo produzirá um período maior ou haverá mais gastos com manutenção.

Os elementos externos estão associados ao avanço tecnológico, a recomposição dos fatores com novos investimentos e a taxa de juros. Sua importância está vincula-se a comparação do ônus do ativo antigo frente a novos ativos.

Com a caracterização dos elementos que causam a perda de valor passa-se a discussão sobre a substituição do ativo. Esta torna-se viável quando o gasto total com a utilização do novo ativo for igual ou menor que o gasto operacional com o ativo antigo. Esta situação é afetada pelas seguintes variáveis:

- causas físicas, implicam no aumento das despesas com a manutenção, se tais despesas impulsionarem os gastos operacionais para um patamar superior ao gasto total de um equipamento novo deve-se substituir o antigo;

- causas excepcionais, podem implicar redução total da vida útil do ativo, obrigando a substituição;

- nível de operações, uma alteração no percentual de uso afeta a vida útil e, por conseguinte, os gastos operacionais, em especial os gastos variáveis, assim uma redução no nível de operações do ativo acarretará demora ou acelerará a substituição do ativo;

- avanço tecnológico, pode causar reduções no custo de reposição do ativo tornando-o menor em relação ao custo de manutenção do antigo;

- novos investimentos que recompõem a combinação dos fatores, ocorre a substituição dos ativos se a redução dos gastos com os fatores substituídos compensar eventuais aumentos na despesa de depreciação;

- taxa de juros, se tornar mais oneroso substituir o ativo, então a vida útil do ativo em uso e o prazo de depreciação aumentarão.

3.4.2 Estimativa da vida útil

Com relação à estimativa da vida útil, para alguns ativos há condições de prever com boa margem de acerto, para outros esta facilidade de atribuição não é tão evidente por isso deve-se buscar o maior número de informações sobre o histórico dos fatores que influenciarão o aumento ou a diminuição da vida útil dos ativos, visando uma estimativa mais clara e precisa.

Deixando as outras causas de lado e considerando apenas o desgaste físico, a vida útil de um ativo acaba quando este tem algum algum problema e não funciona mais, entretanto há condição de providenciar reparos para dar um novo fôlego a vida útil e econômica do ativo. É claro que alguns ativos são preservados por motivos culturais, pois fazem parte da história da entidade. Contudo, os custos são bem superiores aos de reposição de novos ativos.

Para que o ativo possa estar à disposição da empresa durante o período estimado de vida útil é necessária uma política de reparos e manutenção, pois sem pois sem esta a a vida útil e econômica se reduz. A estimativa da vida útil deve contemplar os seguintes aspectos:

- Vida Física: é o prazo que o bem será utilizado no desempenho de algum serviço, justificando a sua aquisição;

- Vida Tecnológica: é o prazo do poder de competitividade do bem ou até que surja no mercado um produto com maior desempenho, precisão, rapidez e qualidade, ou seja, até que o bem fique obsoleto;

- Vida de mercado do produto: até que tenha senso de utilidade para os clientes, caso contrário, não sairão das prateleiras.

O Quadro 3.1 apresenta a vida útil e a taxa anual de depreciação de alguns ativos conforme a IN SRF nº 62 /1998. Para maiores informações recomenda-se a consulta ao texto legal.

Quadro 3.1 – Taxa de depreciação e vida útil de ativos selecionados

Ativos	Vida Útil Em anos	Taxa Anual de Depreciação
Animais Vivos, exceto galináceos	5	20%
Artigos de Plástico, Couro e Madeira	5	20%
Computadores e Periféricos	5	20%
Containers	10	10%
Edifícios	20	4%
Instalações	10	10%
Máquinas e Equipamentos	10	10%
Máquinas para uso Agrícola	10	10%
Pontes, Torres e Pórticos	25	4%
Veículos	5	20%
Veículos para Movimentação de Cargas	10	10%
Veículos para transporte de cargas ou passageiros	4	25%

3.4.3 Métodos de Cálculo

Existem vários métodos para calcular a depreciação, cujo resultado impacta no resultado projetado. Os métodos são agrupados em quatro conjuntos. Para melhor compreender cada método esta seção adota o exemplo didático da **Construtora Beto Neira**.

A **Construtora Beto Neira** está adquirindo um equipamento para processar entulhos de suas obras por $150.000, com uma vida útil de 5 anos e sem valor residual. Durante a vida útil serão gerados produtos que propiciarão receitas de vendas, cujo comportamento segue o ciclo de vida do produto[3]. Acompanha as receitas, os custos variáveis, custos fixos, a depreciação e as despesas operacionais.

Grupo 1: Depreciação com Distribuição linear do custo

a) Método da Linha Reta

O cálculo deste método é bem simples. Toma-se o valor de custo da aquisição, deduz-se o valor residual e divide-se pelo tempo de vida útil do bem. É aceito pela receita federal e traz como resultado a quota de depreciação, iguais ao longo do período, vindo estas a integrar o resultado a cada período utilizado.

$$\text{Quota} = \frac{\text{Valor de Custo} - \text{Valor Residual}}{\text{Vida Útil}} = \frac{150.000}{5}$$

$$\text{Quota de Depreciação} = \$30.000 \text{ / Ano}$$

---

[3] Ciclo de vida do produto é o tempo em que o produto consegue permanecer no mercado. Envolve 4 fases: introdução, crescimento, maturidade de declínio (CHIAVENATO, 1991)

	n0	n1	n2	n3	n4	n5
Investimento	-150.000					
Receita de Vendas Brutas		31.000	93.000	155.000	248.000	93.000
Impostos Sobre Vendas		4.650	13.950	23.250	37.200	13.950
Receitas de Vendas Líquidas		26.350	79.050	131.750	210.800	79.050
Custos Variáveis		2.635	7.905	13.175	21.080	7.905
Custos Fixos		19.300	19.300	19.300	19.300	19.300
Depreciação		30.000	30.000	30.000	30.000	30.000
Despesas Operacionais		20.000	27.000	33.000	40.000	27.000
EBIT		-45.585	-5.155	36.275	100.420	-5.155
(+) Depreciação		30.000	30.000	30.000	30.000	30.000
Fluxo de Caixa Líquido	-150.000	-15.585	24.845	66.275	130.420	24.845

Tabela 3.3 – FCL pelo Método Linear de Depreciação

b) Método das Horas de Funcionamento

Este método baseia-se nas horas de vida útil previstas para o funcionamento adequado do bem. Tomando-se como base o custo de aquisição dividido pelo número estimado de horas e multiplicado pelo número de horas de utilização do bem no período.

No caso adotado, as horas estimadas para a vida útil perfazem um total de 120.000 horas. Dividindo-se $150.000 por 120.000 horas tem-se $1,25 de depreciação por hora a ser multiplicada pelo volume de horas trabalhadas por ano.

	n1	n2	n3	n4	n5	Total
Horas Trabalhadas	12.000	18.000	24.000	30.000	36.000	120.000
Depreciação $	15.000	22.500	30.000	37.500	45.000	150.000

	no	n1	n2	n3	n4	n5
Investimento	-150.000					
Receita de Vendas Brutas		31.000	93.000	155.000	248.000	93.000
Impostos Sobre Vendas		4.650	13.950	23.250	37.200	13.950
Receitas de Vendas Líquidas		**26.350**	**79.050**	**131.750**	**210.800**	**79.050**
Custos Variáveis		2.635	7.905	13.175	21.080	7.905
Custos Fixos		19.300	19.300	19.300	19.300	19.300
Depreciação		15.000	22.500	24.000	30.000	36.000
Despesas Operacionais		20.000	27.000	33.000	40.000	27.000
EBIT		**-30.585**	**2.345**	**42.275**	**100.420**	**-11.155**
(+) Depreciação		15.000	22.500	24.000	30.000	36.000
Fluxo de Caixa Líquido	**-150.000**	**-15.585**	**24.845**	**66.275**	**130.420**	**24.845**

Tabela 3.4 – FCL pelo Método das Horas de Funcionamento

Grupo 2: Depreciação como perda do valor

Este método considera o conceito econômico de Ativo, pois enfoca os benefícios futuros que formará o fluxo de caixa líquido (FGL). A depreciação (dp) é a variação de valor do ativo entre o início (Vp_1) e fim do período (Vp_2).

$$Dp_1 = Vp_1 - Vp_2$$

	n1	n2	n3	n4	n5
Valor Inicial	150.000	142.500	132.000	112.500	90.000
Valor Final	142.500	132.000	112.500	90.000	75.000
Depreciação	7.500	10.500	19.500	22.500	15.000

	n0	n1	n2	n3	n4	n5
Investimento	-150.000					
Receita de Vendas Brutas		31.000	93.000	155.000	248.000	93.000
Impostos Sobre Vendas		4.650	13.950	23.250	37.200	13.950
Receitas de Vendas Líquidas		**26.350**	**79.050**	**131.750**	**210.800**	**79.050**
Custos Variáveis		2.635	7.905	13.175	21.080	7.905
Custos Fixos		19.300	19.300	19.300	19.300	19.300
Depreciação		7.500	10.500	19.500	22.500	15.000
Despesas Operacionais		20.000	27.000	33.000	40.000	27.000
EBIT		**-23.085**	**14.345**	**46.775**	**107.920**	**9.845**
(+) Depreciação		7.500	10.500	19.500	22.500	15.000
Fluxo de Caixa Líquido	**-150.000**	**-15.585**	**24.845**	**66.275**	**130.420**	**24.845**

Tabela 3.5 – FCL pelo Método da Perda de Valor

Grupo 3: Depreciação como fundo para aquisição de novos equipamentos

Este método considera que a depreciação encontrada a cada período forma uma reserva para aquisição de novos Ativos. Para tanto, adotam-se as seguintes etapas:

- encontrar a quota de depreciação por meio da anualização do valor do ativo, conforme equação 3.1;

$$\text{equação 3.1} \qquad \text{Quota} \quad = \quad \frac{\text{Valor do Ativo}}{S_{n,i}}$$

- capitalizar as quotas, adotando uma taxa de juros, o valor dos juros se incorpora no período seguinte;
- as quotas capitalizadas formam o valor da depreciação;
- o fundo é constituído pelo valor da depreciação acumulado.

Tomando o Caso **Construtora Beto Neira**, adota-se i = 12%. A Tabela 3.4 apresenta o resultado do cálculo e a Tabela 3.5 o FCL projetado.

$$\text{Quota} \quad = \quad \frac{150.000}{6,3528} \quad = \quad 23.612$$

	n1	n2	n3	n4	n5	Total
Quota	23.612	23.612	23.612	23.612	23.612	118.058
Juros	0	2.833	6.007	9.561	13.542	31.943
Depreciação	23.612	26.445	29.618	33.173	37.153	150.001
Fundo	**23.612**	**50.057**	**79.675**	**112.848**	**150.001**	

Tabela 3.6 – Constituição do Fundo de Amortização

	n0	n1	n2	n3	n4	n5
Investimento	-150.000					
Receita de Vendas Brutas		31.000	93.000	155.000	248.000	93.000
Impostos Sobre Vendas		4.650	13.950	23.250	37.200	13.950
Receitas de Vendas Líquidas		**26.350**	**79.050**	**131.750**	**210.800**	**79.050**
Custo Variáveis		2.635	7.905	13.175	21.080	7.905
Custos Fixos		19.300	19.300	19.300	19.300	19.300
Depreciação		23.612	26.445	29.618	33.173	37.153
Despesas Operacionais		20.000	27.000	33.000	40.000	27.000
EBIT		**-39.197**	**-1.600**	**36.657**	**97.247**	**-12.308**
(+) Depreciação		23.612	26.445	29.618	33.173	37.153
Fluxo de Caixa Líquido	**-150.000**	**-15.585**	**24.845**	**66.275**	**130.420**	**24.845**

Tabela 3.7 – FCL pelo Método do Fundo de Reserva

Grupo 4: Depreciação para reduzir riscos futuros

a) Método da Soma dos Dígitos

O método da soma dos dígitos adota os seguintes procedimentos:

- somam-se os dígitos do período de depreciação, no exemplo 1 + 2 + 3 + 4 + 5 = 15;

- encontra-se a fração da depreciação correspondendo a vida útil restante em relação à soma encontrada anteriormente;
- calcula-se o valor da depreciação proporcional a vida útil restante.

	n1	n2	n3	n4	n5
Fração	5/15	4/15	3/15	2/15	1/15
Depreciação	50.000	40.000	30.000	20.000	10.000

Deve-se destacar que por este método se deprecia mais nos primeiros anos em que o ativo está em plena capacidade de produção, uma vez que a vida útil é mais elevada nesta fase.

	no	n1	n2	n3	n4	n5
Investimento	-150.000					
Receita de Vendas Brutas		31.000	93.000	155.000	248.000	93.000
Impostos Sobre Vendas		4.650	13.950	23.250	37.200	13.950
Receitas de Vendas Líquidas		**26.350**	**79.050**	**131.750**	**210.800**	**79.050**
Custos Variáveis		2.635	7.905	13.175	21.080	7.905
Custos Fixos		19.300	19.300	19.300	19.300	19.300
Depreciação		50.000	40.000	30.000	20.000	10.000
Despesas Operacionais		20.000	27.000	33.000	40.000	27.000
EBIT		**-65.585**	**-15.155**	**36.275**	**110.420**	**14.845**
(+) Depreciação		50.000	40.000	30.000	20.000	10.000
Fluxo de Caixa Líquido	**-150.000**	**-15.585**	**24.845**	**66.275**	**130.420**	**24.845**

Tabela 3.8 – FCL pelo Método da Soma dos Dígitos

b) Método Exponencial

O método exponencial adota os seguintes procedimentos:
- taxa de depreciação é definida como o dobro da taxa do método linear;
- depreciação é valor contábil do ativo vezes a taxa de depreciação;

- valor contábil é o valor de aquisição menos a depreciação;
- o valor contábil do antepenúltimo ano é divido por dois e depreciado igualmente nos dois últimos anos.

No exemplo, o método exponencial se apresenta conforme a Tabela 3.9.

	n1	n2	n3	n4	n5
Taxa	0,40	0,40	0,40	0,40	0,40
Depreciação	60.000	36.000	21.600	16.200	16.200
Valor Contábil	90.000	54.000	32.400	16.200	0

Tabela 3.9 – Cálculo da depreciação pelo Método Exponencial

Por este método os anos iniciais da vida útil do ativo carregará maior parcela da depreciação, o que se justifica pela maior capacidade de produção.

	n0	n1	n2	n3	n4	n5
Investimento	-150.000					
Receita de Vendas Brutas		31.000	93.000	155.000	248.000	93.000
Impostos Sobre Vendas		4.650	13.950	23.250	37.200	13.950
Receitas de Vendas Líquidas		**26.350**	**79.050**	**131.750**	**210.800**	**79.050**
Custos Variáveis		2.635	7.905	13.175	21.080	7.905
Custos Fixos		19.300	19.300	19.300	19.300	19.300
Depreciação		60.000	36.000	21.500	16.200	16.200
Despesas Operacionais		20.000	27.000	33.000	40.000	27.000
EBIT		**-75.585**	**-11.155**	**44.775**	**114.220**	**8.645**
(+) Depreciação		60.000	36.000	21.500	16.200	16.200
Fluxo de Caixa Líquido	**-150.000**	**-15.585**	**24.845**	**66.275**	**130.420**	**24.845**

Tabela 3.10 – FCL pelo Método Exponencial

Questões para Revisão e Fixação

1 – Qual a importância do EBITDA na formação do FCL?

2 – Por que a escolha da fonte de financiamento impacta no FCL?

3 – Explique a básica entre SIMPLES NACIONAL, Lucro Presumido e Lucro Real.

4 – Por que definição do Valor Residual e da Perpetuidade no FCL?

5 – A **CINE ESTÉSICO Cia. De Cinemas** está adquirindo novos projetores para as suas salas de exibição. O valor do investimento é de $108 milhões, com valor residual estimado em 5% do valor de compra, vida útil de 5 anos e taxa de juros de 15,5%. As horas trabalhadas e a perda de valor estão na tabela I

Tabela I

n	0	1	2	3	4	5
Horas trabalhadas		500.000	475.000	450.000	425.000	400.000
Perda de valor		20%	40%	60%	70%	80%

Calcule o valor da depreciação pelos métodos apresentados.

4 – TAXA DE JUROS

Box 4.1 – SELIC e spread

O noticiário econômico sempre coloca em evidência o tema taxa de juros, principalmente quando o COPOM – Comitê de Política Monetária do Banco Central se reúne para deliberar sobre a taxa SELIC.

A taxa SELIC é básica, pois a partir dela as taxas das operações de crédito e de captação são ajustadas, o que impacta nas operações do mercado financeiro e no consumo.

As taxas de crédito são aquelas cobradas nas operações de empréstimos e financiamentos, como cheque especial, empréstimos consignados, financiamento da casa própria, crédito ao consumidor etc.

As taxas de captação referem-se ao preço do dinheiro pago pelas Instituições Financeiras para tomar recursos junto aos agentes superavitários por meio da oferta de Ativos Financeiros, como caderneta de poupança, CDB, fundos de renda fixa, entre outros.

Cada Instituição financeira capta recursos para ofertá-los aos agentes deficitários, seu ganho está na diferença das taxas, que é denominada *spread*.

No entanto, não é apenas no mercado financeiro que estão as taxas de juros.

A taxa de juros é a remuneração do capital ou o preço do dinheiro. De maneira simples é definida como a razão entre os juros e o capital inicial ($i = J / Co$) ou como o coeficiente que determina o valor do juro.

Para cada operação existe uma taxa de juros distinta. Assim, nas operações de captação tem-se a taxa da caderneta de poupança, do CDB, CDI, entre outras. Nas operações de empréstimos estão as taxas do crédito rotativo, do cheque especial, do *hot money*, do crédito consignado, entre outras.

Dentro da Análise de Investimentos a taxa de juros pode assumir várias concepções em função do tipo de investimento analisado: custo de oportunidade, custo do capital, taxa mínima de atratividade e taxa de retorno.

O custo de oportunidade é definido como o rendimento que se deixa de ganhar com uma ação econômica ao alocar o recurso em outra ação (MARONI NETO, 2015). Um exemplo rápido, tome-se um projeto de investimento em uma fábrica de peças automotivas. Se o capital não fosse aplicando no projeto estaria em uma carteira de ações que renderia 25% ao ano. O custo de oportunidade do projeto é de 25%, pois esta taxa indica a perda do investidor ao optar pelo projeto e não pela carteira de ações.

A taxa mínima de atratividade é objeto do capítulo 8. O custo do capital pode ser entendido como o custo para obter e manter recursos de longo prazo, que serão direcionados para o financiamento dos investimentos. Os recursos de longo prazo envolvem captação por vendas de ações, capital dos sócios em empresas que não sejam sociedades anônimas, lucro retido, financiamentos de longo prazo, incluindo debêntures.

A taxa de retorno é formada a partir de um determinado investimento e do tempo exigido / esperado para o retorno. Assim, forma-se uma taxa que será aplicada em todos os projetos ou processos de decisão que a exigem. Por exemplo, supondo um investimento de R$1.000.000,00, cujo prazo de retorno esperado seja de 5 anos, a taxa de retorno será de 20% ao ano.

$$\text{Retorno Anual (RA)} = \frac{I}{n} = \frac{1.000.000,00}{5} = 200.000,00$$

$$\text{Taxa de Retorno} = \frac{RA}{I} \times 100 = \frac{200.000,00}{1.000.000} \times 100 = 20\%$$

Este capítulo estuda as tipologias das taxas de juros: taxa nominal, taxa efetiva e taxa real.

4.1 Taxa Nominal (i)

A taxa de juros nominal (i) é aquela contratada em uma operação financeira e que não foi ajustada pela inflação, sendo indicada percentualmente por tempo. Normalmente as taxas nominais são divulgadas nos jornais e *sites* especializados, bem como o *site* do Banco Central.

Assim, se um determinado jornal informar que o CDB paga 49% ao ano está é a taxa nominal desta aplicação. Se um cliente tomar um empréstimo no banco por 5% ao mês, está será a taxa nominal desta operação.

Nos projetos de investimento a taxa de juros nominal é aquela empregada como referência para análise desse projeto, independente da forma como se chegou a ela.

Brigham e Houston (1999) apresentam os determinantes das taxas de juros. Segundo os autores a taxa de juros efetiva se compõe conforme a *equação 4.1.*

$$\text{equação 4.1} \qquad i = i_r + PI + PRI + PL + PRV$$

Onde:

i_r é a taxa de juros real de uma aplicação com risco zero e inflação zero;

PI é o prêmio pela inflação, apresentando a taxa média esperada;

i_{rf} é a taxa livre de risco[4], sendo formada por i_r +**PI**, refere--se a taxa de juros nominal de uma aplicação com risco zero;

PRI é o prêmio pelo risco de inadimplência, sob a ótica da instituição financeira é este componente descreve a probabilidade do cliente não pagar o empréstimo;

PL é o prêmio pela liquidez, que se forma em função do prazo que a operação tem para se tornar dinheiro;

PRV é o prêmio pelo risco do vencimento, que implica na alteração da taxa de juros em períodos mais longos.

A Tabela 4.1 traz um exemplo hipotético de formação de taxas de juros nominais (i). Os valores são em percentuais ao ano. Na coluna A estão os determinantes descritos anteriormente.

Na coluna B está a taxa formada para operações com garantia, no qual o cedente tem risco zero de inadimplência do tomador. O exemplo pode representar operações com empréstimos consignados realizadas pelo Banco da Praça.

---

[4] Normalmente o mercado financeiro toma por referência a taxa com risco zero do aquela praticada pelos Títulos do Tesouro Americano.

A coluna C representa operações de investimento realizadas pela Tassia Xandú, que adota uma taxa de referência estruturada dentro de um contexto com inflação alta, mas com padrões aceitáveis, prêmios pela liquidez e risco de vencimento dentro dos padrões internacionais.

A coluna D retrata uma taxa para operações de crédito sem garantia, em um contexto com inflação elevada e prêmios pela liquidez e risco de vencimento mais elevados também.

A coluna E descreve a taxa formada para operações realizadas em contexto com inflação muito alta e nível de incerteza elevado, também, o que é representado nos prêmios pela liquidez e risco de vencimento acima do nível dos outros exemplos.

	Banco da Praça	**Tassia Xandú Holding**	**Fundo de Pensão da Da. Maria**	**Banco Fundus**
- A -	**- B -**	**- C -**	**- D -**	**- E -**
Ir	0,25	0,25	0,25	0,25
PI	2,00	6,00	11,00	40,00
Irf	**2,25**	**6,25**	**11,25**	**40,25**
PRI	0,00	2,00	3,00	4,00
PL	0,50	1,00	2,00	5,00
PRV	1,40	1,40	2,00	3,00
i a.a.	**4,15**	**10,65**	**18,25**	**52,25**

Tabela 4.1 – Exemplos da composição estrutural da taxa de juros (em %)

4.2 Taxa Efetiva (ie)

A taxa efetiva é a taxa do período da operação, aquela que é efetivamente aplicada ao capital independentemente da taxa nominal. É também denominada taxa pró-rata tempore.

Para se entender isto se tome o seguinte exemplo: Rodésio Capivara entrou no cheque especial por 3 dias. Sabe-se que o banco cobra 30% (taxa nominal) ao mês por empréstimos via cheque especial. A taxa efetiva é aquela realmente paga por Rodésio Capivara e que ao final do mês chega à taxa nominal.

A equivalência de taxas é a operação que torna iguais a taxa nominal (i) a taxa efetiva (ie), mesmo estando em períodos distintos. As taxas equivalentes são aquelas que independentes do prazo geram o mesmo resultado ao capital aplicado.

Voltando ao exemplo de Rodésio Capivara, em um cálculo simples, mas errado, dividir-se-ia 30% por 30 dias, daria 1% ao dia, vezes 3 dias, tem-se 3%. Como está errado, tem-se que empregar a equivalência de taxas para encontrar a ie correta.

$$\frac{30\% \text{ a.m.}}{30 \text{ dias}} \quad \rightarrow \quad 1\% \text{ a.d.}$$

O erro se apresenta quando se tenta chegar à taxa nominal, capitalizando a taxa efetiva. No exemplo, a taxa efetiva de 1% ao dia equivale a 34,78% ao mês e não 30%.

$$(1+0,01)^{30} \quad = \quad [(1,3478)-1] \times 100 \quad = \quad 34,78\%$$

As taxas equivalentes podem ser apuradas a partir das equações 4.2 e 4.3. A equação 4.2 permite encontrar a taxa equivalente de períodos menores para períodos maiores. Enquanto, a equação 4.3 identifica a taxa equivalente de períodos menores em taxas de períodos maiores.

$$\text{equação 4.2} \quad ie \quad = \quad (1+i)^{1/n}$$

$$\text{equação 4.3} \quad ie \quad = \quad (1+i)^{n}$$

A Tabela 4.2 apresenta as frações temporais para identificar as taxas equivalentes.

	Ano	Semestre	Quadri-mestre	Trimes-tre	Bimestre	Mês	Dia
Ano	1	2	3	4	6	12	360
Se-mestre	½ = 0,5	1	6/4 = 1,5	6/3 = 2	6/2 = 3	6	180
Qua-dri-mestre	4/12 = 0,333	4/6 =0,667	1	4/3 = 1,33	4/2 = 2	4	120
Tri-mestre	3/12 = 0,25	3/6 = 0,5	¾ = 0,75	1	3/2 = 1,5	3	90
Bimes-tre	2/12 = 0,166	2/6 = 0,333	2/4 = 0,5	2/3 = 0,666	1	2	60
Mês	1/12 = 0,0833	1/6 = 0,166	¼ = 0,25	1/3 = 0,333	½ = 0,5	1	30
Dia	1/360	1/180	1/120	1/90	1/60	1/30	1

Tabela 4.2 – Múltiplos e frações temporais

Retomando o exemplo de Rodésio Capivara, emprega-se a equação 4.2, como a taxa efetiva é mensal para transformar em taxa diária utiliza-se 1/30. Assim,

$$ie = (1 + i)^{1/n}$$
$$ie = (1+0,3)^{1/30}$$
$$ie = 1,00873$$

1,00873 – 1 = 0,00873 x 100 = 0,873% ao dia.

A taxa efetiva ao dia 0,873% e por três dias $(1,00873^3)$ = 1,02658 ou 2,658%.

Exemplo 1:

Tomando-se a taxa praticada pelo Banco da Praça, conforme Tabela 4.1, qual a taxa efetiva para uma operação de empréstimo de 8 meses?

Consultando a Tabela 4.1 tem-se que a taxa nominal do Banco da Praça é de 4,15% ao ano. O tempo é 8 meses ou 2 quadrimestres. Na Tabela 4.2 o coeficiente de transformação temporal de ano para quadrimestre equivale a 4/12 ou 0,333, portanto 2 quadrimestres é 8/12 ou 0,666.

Substituindo os dados na equação 4.2, tem-se a seguinte resolução.

$$ie = (1 + i)^{1/n}$$
$$ie = (1 + 0{,}0415)^{8/12}$$
$$ie = 1{,}0415^{8/12}$$
$$ie = 1{,}02747$$
$$ie = 2{,}74\%$$

A interpretação é a seguinte: 2,74% é a taxa equivalente por oito meses de uma operação contratada a taxa efetiva de 4,15% ao ano.

Exemplo 2:

Tomando a taxa praticada pelo Fundo de Pensão da Da. Maria, conforme Tabela 4.1, encontre a taxa equivalente para uma operação de empréstimo de 2,5 anos. O Fundo de Pensão faz operações considerando uma taxa efetiva de 18,25% ao ano. Substituindo esses dados na equação 3, tem-se a seguinte resolução.

$$ie = (1 + i)^{n}$$
$$ie = (1 + 0{,}1825)^{2,5}$$
$$ie = (1{,}1825)^{2,5}$$
$$ie = 1{,}52055$$
$$Ie = 52{,}055\%$$

A interpretação é a seguinte: 52,055% é a taxa equivalente a dois anos e meio de uma operação contratada pela taxa efetiva de 18,25% ao ano.

4.3 Taxa Real (ir)

A taxa de juros real é taxa nominal sem o efeito da inflação. O efeito da inflação é mensurado por meio de índices de preços que calculam a variação de preços de uma cesta de produtos, seguindo a metodologia do índice de Laspeyres (vide capítulo 7).

Existe uma variedade ampla de índices de preços, calculados por instituições como Fundação Getúlio Vargas (FGV), Instituto Brasileiro de Geografia e Estatística (IBGE), Departamento Intersindical de Estatística e Estudos Socioeconômicos (DIEESE), Fundação Instituto de Pesquisas Econômicas (FIPE), e divulgados pelos meios de comunicação. Cada índice é estruturado com base em uma cesta de produtos, cujos preços são coletados em determinado período e em determinado local, o que justifica a existência da variedade ampla de índice de preços cada qual com um valor específico.

Para fins de análise financeira destaca-se o IGP-M da FGV. Este indicador resulta da ponderação entre o IPA – Índice de Preços ao Produtor Amplo, IPC – índice de Preços ao Consumidor e INCC – Índice Nacional da Construção Cível, todos calculados pela FGV. Seu período de coleta é de 21 do mês a 20 do mês subsequente e a sua divulgação ocorre entre o último dia do mês e o primeiro dia útil do mês seguinte. Sua aplicação no mercado financeiro é para correção de contratos, indexação de títulos privados e contratos com vencimento no final do mês (MARONI NETO, 2015). Serve também de parâmetro para avaliação do ganho real de aplicações.

Para encontrar a ir segue-se a equação 4.4, onde ip é o índice de preços adotado.

$$\text{equação 4.4} \qquad \text{ir} \ = \ \frac{(1 + i)}{(1 + ip)}$$

Exemplo 1:

O rendimento de uma aplicação em determinado ano foi de 6%, o IGP-M foi de 4,09%. Qual o rendimento real da aplicação?

$$\text{ir} \ = \ \frac{(1 + i)}{(1 + ip)} \ = \ \frac{(1,06)}{(1,0409)} \ = \ 1,01835$$

$(1,01835 - 1) \times 100 = 1,835\%$ é o ganho real.

Exemplo 2:

O rendimento de uma caderneta de poupança em determinado mês foi de 0,6%, o IGP-M foi de 1,00%. Qual o rendimento real?

$$\text{ir} \ = \ \frac{(1 + i)}{(1 + ip)} \ = \ \frac{(1,006)}{(1,01)} \ = \ 0,9960$$

$(0,9960 - 1) \times 100 = -0,3960\%$ é a perda real.

Questões para Revisão e Fixação

1 – Qual das três modalidades de taxa estudadas no capítulo se atem a Taxa SELIC (Box 4.1)? Justifique.

2 – Explique a informação gerada pela taxa de juros real (ir).

3 – Tomando a taxa nominal da Tássia Xandú Holding (Tabela 4.1):
   a) calcule a ie mensal;
   b) supondo que a inflação mensal seja de 1,2% ao mês, calcule a ir para a resposta da "a";
   c) Tomando a ir encontrada na "b", calcule a taxa efetiva para um período de 22 meses.

4 - Tomando a taxa nominal Banco Fundus (Tabela 4.1):
   a) calcule a ir, supondo inflação de 35% a.a.;
   b) calcule a ir, supondo inflação de 55% a.a.;
   c) Houve ganho ou perdas nas situações a e b?

5 - Encontre a ir para os rendimentos da Caderneta de Poupança nos treze períodos indicados.

n	IGP-M	Poupança	ir
M1	1,09	0,6015%	
M2	0,53	0,5244%	
M3	0,74	0,5441%	
M4	0,69	0,5960%	
M5	1,61	0,5740%	
M6	1,98	0,6152%	
M7	1,76	0,6924%	
M8	-0,32	0,6582%	
M9	0,11	0,6980%	
M10	0,98	0,7519%	
M11	0,38	0,6626%	
M12	-0,13	0,7160%	
M13	-0,44	0,6849%	

5 – Calcule a taxa equivalente (ie) faltante na tabela a seguir.

% ao ano	% ao semestre	% ao trimestre	% ao bimestre	% ao mês	% do dia
100%					
	60%				
		20%			
			10%		
				2%	
					1%

5 – O TEMPO E O DINHEIRO

Box 5.1 – O valor do dinheiro no tempo

O estudo do valor do dinheiro no tempo parte do princípio que "\$1 hoje vale mais que \$1 amanhã". Esta premissa se desenvolve a partir dos trabalhos de Böhm Bawerk (1986), Fischer (1986) e Hicks (1987) realizados nas primeiras décadas do século XX. Segundo Maroni Neto (2002), em um estudo sobre os elementos que impactaram no resultado econômico, existem três causas para a formação desta premissa.

Primeiramente, existem desequilíbrios entre oferta e demanda. Em segundo lugar, há um desprezo pelas necessidades futuras, pois os agentes preferem atender as carências presentes. Por último, os bens futuros não atendem necessidades presentes, mesmo porque não foram produzidas ainda.

Do exposto, depreende-se que a espera para o atendimento das necessidades presentes é sujeita a incertezas, por conseguinte requer alguma compensação, que é o custo do tempo e que se manifesta pela taxa de juros.

Além disto, o futuro é incerto podendo trazer oportunidades ou ameaças. A espera e, por conseguinte, as possibilidades de ganhos/perdas devem ser remuneradas.

O estudo do dinheiro no tempo objetiva:

- avaliar os montantes futuros resultantes de investimento no presente;

- definir as taxas de crescimento de uma série de valores;

- determinar do valor da empresa;

- estimar as taxas de retorno; e

- eliminar os efeitos da inflação sobre os valores.

O tema tratado neste capítulo e nos dois próximos é o valor do dinheiro no tempo. Os dois capítulos sucedentes tratam de problemas específicos e questões técnicas. O presente capítulo analisa os dois termos centrais do tema: tempo e dinheiro, com o objetivo de compreender cada uma dessas variáveis, a sua inter-relação e os fundamentos dos problemas com dinheiro no tempo.

5.1 O Tempo

O tempo é um tema fascinante e se manifesta em várias áreas do conhecimento. Está presente nas artes, por meio de filmes de ficção científica e na literatura. É objeto de estudo da Física. Nas Ciências Sociais Aplicadas está na administração do tempo, é um recurso econômico e está presente nos estudos de Finanças como uma variável importante.

Esta seção analisa o tempo seu conceito e características, bem como sua relação com a Economia.

5.1.1 A difícil missão de definir o tempo[5]

Explicar o que é o tempo talvez seja uma das coisas mais difíceis de fazer, apesar da facilidade de sua medição por meio de uma variedade de relógios e de calendários.

Cada povo criou a sua forma de mensurar a passagem do tempo. Contemporaneamente, o período para a Terra circundar o Sol marca o ano; o dia é o período que a Terra gira em torno de si e cada 1/24 avos é uma hora do dia. A partir disto forma-se o calendário com meses e semanas.

No dicionário do Aurélio (FERREIRA, 1999) são apresentadas doze opções para definir o verbete tempo. Desta destacam-se duas. Na primeira, o tempo é a sucessão de anos, dias e horas que envolvem a noção de passado, presente e futuro.

Na segunda definição, o tempo é uma coordenada, que se junta com as coordenadas espaciais para localizar um fato. Por exemplo, João marca com Maria para se encontrarem na Avenida Ipiranga, nº 344, último andar às 12:30 para almoçar. A rua, o nº e o andar são as três dimensões espaciais, respectivamente comprimento, largura e altura. O horário é a dimensão temporal. Logo esta combinação permite localizar o fato: encontro para o almoço entre João e Maria.

---

[5] Este texto foi originalmente publicado no Diário da Região, Osasco-SP, em 14/04/2017.

Para Hawking (2016) não é possível dizer o que é o tempo, mas é possível definir suas propriedades. O autor aponta o tempo como a quarta dimensão que é finita, pois tem começo e fim. Além disso, descreve o tempo com uma direção única, que nos permite relembrar o passado, mas não voltar a ele (HAWKING, 2015).

No entanto, Hawking (2015) observa que o tempo é um conceito pessoal e que duas pessoas com relógios idênticos têm perspectivas distintas. Tome-se, como exemplo, dois irmãos. Durante uma hora um está na cadeira do dentista e outro almoçando com a namorada. Para qual dos irmãos a hora passa mais rápida? Para nenhum deles. A hora possui 60 minutos ou 3.600 segundos para ambos. No entanto, a perspectiva de sua passagem é diferente, o que a torna pessoal.

Pode-se inferir do exposto sobre o tempo que esta quarta dimensão é finita, logo é um recurso escasso, o que o torna econômico; não é retroativa, não se volta ao passado; é pessoal, o que dá perspectivas distintas sobre a sua passagem. Assim, pode-se estudar o tempo pela ótica econômica e pela visão da administração do tempo.

5.1.2 O Tempo na Economia[6]

O tempo na Economia assume diversos aspectos, que influem, explicam ou avaliam as ações econômicas.

Numa primeira abordagem o tempo indica o período de consumo, que descreve o momento em que efetivamente se usa determinado produto. Assim, a hora do almoço ou a hora da novela é o momento em que o produto será consumido.

O tempo também assume o caráter da época do ano, o que envolve as estações climáticas, datas comemorativas ou período de safras. Desta forma, tem-se no inverno maior oferta de frutas cítricas; no verão há maior demanda por viagens ao litoral; na Páscoa buscam-se mais chocolates e peixes; em outubro vende--se mais brinquedos etc.

Um terceiro enfoque econômico do tempo está associado ao prazo de estoque. Não se compra na Páscoa o peru do Natal e há um limite temporal para estocar produtos, o prazo de validade.

Estas três primeiras abordagens posicionam o tempo em relação à Economia como um fator que influencia a realização das ações econômicas.

---

[6] Publicado originalmente no Diário da Região em 16/05/2017

Um quarto enfoque coloca o tempo como uma variável explicativa do dinamismo da Economia. Ao realizar um investimento, por exemplo, espera-se pelo retorno do capital que, para ocorrer requer a passagem do tempo.

O tempo neste caso é o prazo para realização do processo econômico: transformar recursos em produtos para atender necessidades, sendo marcado pelas incertezas da consecução dos objetivos propostos.

O tempo não é algo palpável ou perfeitamente conceituável, mas é mensurável e limitado. Desta forma, torna-se um recurso econômico que por sua vez tem valor, que se manifesta a partir da percepção que as ações econômicas presentes são preferíveis as futuras. Assim, prefere-se R$1,00 hoje do que no final do mês ou uma árvore frutífera hoje do que daqui a um ano.

Esta preferência deriva do desequilíbrio entre oferta e demanda ao longo do tempo, uma vez que este estado não é permanente; da preferência para o atendimento das necessidades presentes e pelo fato dos bens presentes atenderem melhor as necessidades atuais por que já estão prontos (MARONI NETO, 2002).

No entanto, ao se abdicar do direito presente para exercê-lo no futuro exige-se uma compensação pela espera. Esta compensação apresenta-se sob a forma de juros.

Ao estudar o valor do dinheiro no tempo, buscam-se instrumentos para minimizar esse efeito e, por conseguinte, reduzir a incerteza envolvida na decisão.

5.2 O Dinheiro

O tempo é um conceito abstrato e por natureza intangível. O dinheiro por sua vez, tende a se tornar abstrato. Na sua origem era um objeto concreto. À medida que evoluiu passou a ser um título lastreado por ouro. Hoje é uma cédula sem lastro e à medida que as tecnologias da informação evoluíram, o dinheiro se torna cada vez mais virtual.

O objetivo desta seção é fazer um breve relato sobre a origem do dinheiro e sua evolução recente.

5.2.1 A diferença entre moeda e dinheiro[7]

Moeda e dinheiro, duas palavras que ocupam o dia a dia de bilhões de pessoas no mundo, muitas vezes se substituindo. Mas será que são sinônimos perfeitos? Qual a diferença entre moeda e dinheiro? As perguntas são simples. As respostas nem tanto, porque requer um mergulho na história para obtê-las.

O senso comum chama de moeda as peças metálicas, geralmente redondas, de valor igual ou inferior à unidade monetária e que são fundamentais para a realização de operações de baixo valor ou de valores não inteiros. Assim, numa visão popular são moedas as unidades de um, cinco, dez, vinte e cinco, cinquenta centavos de real e de um real. Também pelo senso comum, o dinheiro dá nome aos meios de pagamento, as unidades de medida e as cédulas de papel.

Na visão popular, portanto, a moeda é a parte do dinheiro com menor valor e, em muitas situações, desprezível, a ponto de pessoas dispensarem o troco ou os comerciantes se desculparem por dar trono em moedas.

O senso comum descreve aquilo que as pessoas percebem no seu dia a dia, com interpretação muitas vezes distorcida e desprovida de informações corretas.

O conceito de moeda, por exemplo, é econômico, descrevendo um bem qualquer que serve para intermediar trocas, tem aceitação geral, permite avaliar outros produtos e possui certos atributos físicos específicos. Note-se que moeda é um bem qualquer, tanto que as primeiras moedas foram mercadorias. São exemplos de moeda mercadoria: gado, sal, fumo, escravos, conchas, mel, peixes secos, arroz, rum peles de animais, entre outros.

Deve-se destacar que a invenção da moeda favoreceu a evolução das atividades econômicas, desvinculando a venda da compra, pois até então a Economia era baseada na troca direta.

Com o passar do tempo as moedas mercadorias encontraram limitações para o seu uso como: alterações físicas pelo manuseio, distinção entre duas moedas de igual valor, dificuldade de realização de operações de valor menor, dificuldade de manuseio e transporte. Desta forma foram substituídas pelo metal, especialmente o ouro e a prata.

No entanto, havia uma questão de ordem prática: os negociantes deveriam saber avaliar a pureza do metal em cada tran-

---

[7] Publicado em 7/junho/2011 em Diário da Região. Osasco - SP

sação, além de pesá-lo para definir os parâmetros de troca. Isto limitava o comércio, pois somente àqueles que conheciam metais preciosos poderiam negociar.

Toda esta história se passou, aproximadamente, entre 3500 a.c., quando surgiu a escrita, e 635 a.c., quando surgiu a moeda cunhada na Lídia. A moeda cunhada pelos lídios era de uma liga de ouro e prata, com forma ovalada, do tamanho da digital de um polegar, gravada com o emblema real garantindo a pureza e o peso do metal, ganhando aos poucos o formato redondo.

Com a moeda cunhada surge o conceito de dinheiro, que a moeda formatada. Em síntese, moeda é qualquer bem com características especiais que lhe garante o exercício de certas funções econômicas. O dinheiro é o bem usado como moeda com formato padronizado.

O nome moeda vem de Juno Moneta, deusa romana, esposa de Júpiter, protetora do Estado, das mulheres, do casamento, da família, das gestantes e do parto. A cada atributo lhe era dado um nome adicional, assim, existia Juno Lucina, Juno Pronuba e Juno Sospita. Todas eram a mesma: Juno.

Em seu templo criavam-se gansos, cujo grasnar advertiu, certa vez, sobre o ataque dos gauleses. Advertir em latim é *monere*, da qual origina Moneta. Era no templo da deusa que se cunhavam o ouro e a prata, o termo moeda passou a designar o produto fabricado no templo de Juno Moneta.

Por volta de 269 a.C. passou-se a cunhar uma moeda de prata, que trazia a imagem da deusa e seu nome: moneta (daí a denominação de moeda para as peças redondas e de metal). A esta moeda deu-se o nome de *danarius*, do qual deriva *denaro*, que é a origem latina de dinheiro. Logo, dinheiro é um tipo de moeda e todo dinheiro é moeda, mas nem toda moeda é dinheiro[8].

5.2.2 Dinheiro: é uma questão de fé[9]

Para início de conversa: dinheiro é um meio de pagamento formatado que, entre outras funções, possui a capacidade de guardar a riqueza do seu possuidor.

---

[8] Quem quiser conhecer mais detalhes sobre o tema recomenda-se a leitura de WEATHERFORD, J. *A história do dinheiro*. Rio de Janeiro : Editora Campus, 1999.

[9] Publicado em Diário da Região. 18 / Dezembro / 2012. Osasco - SP

Assim, se alguém com R$10,00 consegue comprar certo produto, a manutenção desta capacidade de compra refere-se a guarda da riqueza do possuidor dos dez reais.

À medida que o dinheiro perde a qualidade de reserva de valor o seu possuidor vai buscar alternativas para manter a sua riqueza: aplicações financeiras, uso de outras moedas ou a troca por bens reais.

Diante disto surge uma questão existencial: quem garante ao dinheiro – de qualquer valor ou padrão monetário, R$10,00, por exemplo, – a capacidade de adquirir certo produto? Ou, por outro lado, quem garante que uma cédula de dez reais paga o esforço produtivo para ofertar uma dada mercadoria?

A princípio a resposta é simples: o governo. Está inclusive no artigo primeiro da Lei 9.069 de 29 de junho de 1998 "A partir de 1º de julho de 1994, a unidade do Sistema Monetário Nacional passa a ser o REAL, que terá curso legal em todo o território nacional" (BRASIL, 2022).

Todavia, isto não resolve o problema. Afinal, qual garantia está por trás do dinheiro, de uma cédula de dez reais, por exemplo, que lhe permite trocar por produtos"? Aí a resposta não é tão simples, pois é preciso ter fé.

A palavra fé designa a confiança absoluta em alguém ou algo. Este algo é o dinheiro e deve-se confiar no seu poder de compra.

Fé também pode ser entendida como a crença sem fundamentos racionais. Deve-se crer que, mesmo não tendo um lastro material, aquele pedaço de papel ou moedas divisionárias em metal vá lhe permitir satisfazer todas as suas necessidades, mesmo com seu custo de produção sendo inferior ao seu valor de face.

Em outros tempos, não era assim. Havia o lastro em ouro e para emitir uma cédula deveria estar depositado um determinado volume de ouro no cofre do emissor. Era o padrão ouro.

Hoje há a possibilidade de lastrear uma moeda em termos de outra de nível internacional. Na implantação do Plano Real foi desta forma: a emissão de reais estava vinculada ao estoque de reservas em dólares. Mas o dólar, moeda internacional garantida pelo governo americano, também é uma moeda fiduciária, já foi o tempo que o dólar tinha lastro em ouro.

Voltando a fé, o termo expressa, também, a credibilidade dada a um documento. Esta é uma acepção jurídica. O documento em questão é o dinheiro, a credibilidade neste vem do setor público que estabelece o sistema de gestão do meio circulante. Seguramente o controle monetário é um dos mais eficazes e atuais da Economia. Basta entrar no *site* do Banco Central e encontra-se o estoque de moeda do dia anterior

Para se ter uma ideia o total de dinheiro representa menos da metade dos meios de pagamentos, que inclui os depósitos em conta corrente. Os meios de pagamento representam menos de 10% dos agregados monetários que inclui todas as aplicações financeiras. Desta forma se todos os correntistas e aplicadores forem converter seus saldos em dinheiro, não tem dinheiro para cobrir esses valores e o sistema quebra.

Talvez seja por isso que no dólar haja a inscrição "*In God we trust*" – Nós confiamos em Deus e no Real "Deus seja louvado". Afinal, fé é a certeza daquilo que esperávamos e prova das coisas que não vemos (HEBREUS. 11:1, 1974).

5.3 Tempo e Dinheiro

As pessoas não podem viajar no tempo, como se apresenta nos filmes de ficção científica. A única possibilidade é ir para o futuro um instante por vez, não mais do que isso.

Não é possível retornar ao passado e revisitar momentos aprazíveis. Tão pouco realizar operações de movimentação de fluxo temporal: tomar o tempo emprestado de alguém ou cedê-lo fisicamente para outro; trazer horas do seu futuro e distribuí-las na semana para que o seu dia tenha 25 horas e você consiga realizar todas as suas tarefas.

No entanto, o dinheiro pode viajar no tempo. Pode-se trazê-lo do passado para o presente; pode-se leva-lo do presente para o futuro; pode-se trazer dinheiro do futuro e pode-se comparar dois ou mais valores ao longo de épocas distintas. Para tanto basta poupar e capitalizar, tomar empréstimos ou usar algum indicador para mensurar a equivalência de valores.

As viagens do dinheiro no tempo é fruto da aplicação dos juros sobre o capital para compensar a passagem do tempo. O capital pode ser movimentado por meio de parcelas únicas, uniformes ou não uniformes em três operações básicas para determinar o valor do dinheiro no tempo.

A primeira é a capitalização que avalia a acumulação de um valor presente em uma data futura. A segunda é o desconto que mensura no momento atual um valor pós-fixado. A terceira é a equivalência de capitais que, ao confrontar dois ou mais valores nominais de momentos distintos no tempo, permite encontrar a taxa que remunera o tempo de acumulação.

O Quadro 5.1 sintetiza o conceito das três operações do valor do dinheiro no tempo.

Quadro 5.1 – Operações com valor do dinheiro no tempo

Capitalização	de Co para Cf
Desconto	de Cf para Co
Equivalência	$Co \, (1 + i)^n = Cf \, / \, (1 + i)^n$

5.4 Como resolver problemas com dinheiro

A partir das operações apresentadas no final da seção 5.3 se manifestam os problemas do valor do dinheiro no tempo que é objeto do capítulo 6.

O processo para solucionar problemas do dinheiro no tempo passam por quatro etapas e pelo emprego de alguns recursos.

A primeira etapa é a construção do Diagrama do Fluxo de Caixa, conforme apresentado no capítulo 2, seção 2.1. Essa ferramenta auxilia na compreensão do problema e na identificação do recurso a ser empregado na sua solução.

A segunda etapa é alinhar i e n na mesma base temporal, o que significa, muitas vezes encontrar a taxa equivalente conforme visto no capítulo 4.

A terceira etapa é encontrar o fator de acumulação de capital, conforme apresentados no capítulo 6. Os fatores de acumulação permitem movimentar o dinheiro no fluxo temporal. Para tanto, pode-se calculá-lo diretamente empregando as equações ou consultar as tabelas financeiras (Apêndice B).

Por fim, deve-se realizar os cálculos inerentes a solução do problema com o apoio de calculadoras financeiras ou planilhas eletrônicas.

QUESTÕES DE REVISÃO E FIXAÇÃO

1 – Por que R$1,00 hoje vale mais que R$1,00 amanhã?

2 – Explique os fatores de incerteza que afetam o valor do dinheiro no tempo?

3 – Por que o tempo é um recurso econômico?

4 – Por que o dinheiro pode viajar no tempo?

5 – Qual a importância do diagrama do fluxo de caixa e do alinhamento entre i e n?

6 – PROBLEMAS COM DINHEIRO NO TEMPO

Box 6.1 – Problemas com Dinheiro

Alan Bik Destilaria possui recebíveis de seus clientes a vencer ao longo dos próximos seis meses. A empresa tem um pagamento a ser feito sexta-feira próxima e não tem este valor no disponível. Para solucionar o problema a empresa fez uma operação de desconto dos recebíveis junto ao seu banco. Nesta operação a empresa conseguiu trazer do futuro o dinheiro que necessita no presente.

Leoveral Venéreo planeja levar sua família para passar uma semana em um resort durante suas férias. Para isto, nos últimos dois anos tem aplicado uma parte do seu salário. Neste caso o dinheiro viaja do passado para o presente (momento do gasto), pois seu lazer é financiado com o salário obtido no passado.

Arlindo Orlando acabou de adquirir a casa própria por meio de um financiamento junto à Caixa Econômica Federal, para pagamento em 20 anos. Pergunta-se o mutuário tem dinheiro? Sabe com certeza se o terá nos próximos 20 anos? A resposta é não, em todos os casos. O que houve é um transporte do dinheiro do futuro para o presente, com pagamento de parcelas durante o prazo de financiamento.

Lojas Quixadá oferece a seus clientes a seguinte oportunidade: pagar mensalmente um valor fixo e ao final de um ano retirar o valor corrigido em mercadorias. Neste exemplo, os clientes do presente estão embarcando seu dinheiro em uma viagem para o futuro.

Cróvis Bento tem uma dívida que vence quarta-feira de cinzas. Para quitá-la ele depositou em dezembro uma parcela do seu décimo terceiro em uma conta poupança. Em termos de viagem no tempo Cróvis Bento está embarcando o dinheiro em uma viagem para o futuro.

H. Lopes Equipamentos de Equitação oferece todos os seus produtos em duas condições: à vista ou em 10 parcelas com juros. A viagem no tempo neste caso se dá pagando uma passagem sob a forma juros e recebendo parcelas ao longo do tempo.

Em termos metodológicos um problema é uma dúvida que exprime uma real necessidade de informação, para qual se realiza estudos para encontrar a solução.

Este capítulo aborda dez problemas que permeiam a movimentação do dinheiro no tempo, com base no regime dos juros compostos[10].

6.1 Capitalização

O primeiro e mais simples dos problemas com dinheiro no tempo é a capitalização, que consiste em levar o capital do presente para o futuro.

A questão a ser resolvida é "qual o capital terás no futuro?" O Valor Futuro (Cf) corresponde ao valor presente capitalizado pelo regime de juros compostos, por uma determinada taxa e por um determinado tempo. Nos exemplos apresentados no Box 6.1 é o caso de **Cróvis Bento.**

A equação 6.1 define o valor futuro.

$$\text{equação 6.1} \quad Cf = Co(1+i)^n$$

Exemplo 1:

Qual o valor a ser recebido daqui a 10 anos, se for aplicado $1.700 com um custo de oportunidade de 8% ao ano?

Solução:

a) Estruturar o diagrama do fluxo de caixa

$$\underline{n = 10\ anos} \qquad Cf = X$$
$$i = 8\%\ a.a.$$

Co = 1.700

O objetivo é identificar o elemento que falta para solucionar o problema.

b) Alinhar i e n

Neste exemplo i e n estão em anos, não sendo necessário alinhá-los.

c) Aplicar a equação correspondente

$$Cf = Co(1+i)^n \qquad Cf = 1.700(1,08)^{10} \qquad Cf = 3.670,17$$

O valor futuro a ser recebido é de $3.670,17.

---

[10] O Apêndice A traz um breve comparativo entre os regimes de juros simples e juros compostos.

Exemplo 2:

Um aplicador deposita \$1.300 por 3 meses a taxa de 6% ao ano, qual o valor ao final do período?

Solução:

a) Estruturar o diagrama do fluxo de caixa

$$n = 3 \text{ meses}$$
$$i = 6\% \text{ a.a.}$$
$$Cf = X$$
$$Co = 1.300$$

b) Alinhar i e n

Segunda etapa encontrar a taxa equivalente (ie). Veja capítulo 4.

$$ie = (1 + i)^{1/n}$$
$$ie = (1+0,06)^{3/12}$$
$$ie = 1,01467$$

$$1,01467 - 1 = 0,01467 \times 100 = 1,467\% \text{ ao dia.}$$

c) Aplicar a equação correspondente

Note-se que n = 1, significa um trimestre, uma vez que taxa é equivalente.

$$Cf = Co (1 + i)^n \qquad Cf = 1.300 (1,01467)^1 \qquad Cf = 1.319,07$$

Ao final do período o valor será de \$1.319,07.

6.2 Valor Atual

Este problema consiste em trazer o dinheiro do futuro para o passado e responder "quanto vale hoje o capital a ser recebido no futuro?". Nos exemplos da Box 6.1 se encaixa o caso Alam Bik Destilaria, uma vez que traz do passado o dinheiro que só se existirá no futuro.

Para resolver este problema aplica-se equação 6.2, conforme deduzida a partir da equação 6.1.

$$\text{equação 6.1} \qquad Cf = Co (1 + i)^n$$
$$Cf / (1 + i)^n = Co$$
$$\text{equação 6.2} \qquad Co = Cf / (1 + i) n$$

Exemplo 1

Um aplicador tem a oportunidade de receber $3.000 em 1 ano, aceitando obter no mínimo 6% ao ano, quanto ele deve aplicar hoje?

a) Estruturar o diagrama do fluxo de caixa

$$n = 1\ ano \qquad i = 6\%\ a.a. \qquad Cf = 3.000$$
$$Co = X$$

b) Alinhar i e n
Neste exemplo não é necessário, pois i e n estão em anos.

c) Aplicar a equação correspondente
$$Co = Cf / (1 + i)^n$$

$$3.000 = Co\ (1 + 0,06)^1 \qquad Co = 3.000 / (1,06)^1 = 2.830,18$$

Aplicando um capital de $2.830,18 hoje a uma taxa de juros de 6% receberá $3.000 daqui a um ano.

Exemplo 2

A **Alam Bik Destilaria** tem um recebível no valor de $20.000,00, a ser pago por seu cliente em 45 dias. Em uma operação de desconto de duplicata junto ao Banco Fundus é cobrado 52,25% a.a. Qual o valor atual do recebível?

Solução:
a) Estruturar o diagrama do fluxo de caixa

$$n = 45\ dias \qquad i = 52,25\%\ a.a. \qquad Cf = 20.000.000$$
$$Co = X$$

b) Alinhar i e n
Para alinhar i e n basta substituir o n por 45/360, valor que representa o tempo proporcional.

c) Aplicar a equação correspondente
$$Co = Cf / (1 + i)^n$$

$$20.000 = Co\ (1 + 0,5225)^{45/360} \qquad Co = 20.000 / 1,053949 = 18.976,24$$

O valor presente do título a ser recebido em 45 dias é de $18.976,24.

6.3 Definindo a taxa de juros

O problema de identificar a taxa de juros é responder "quanto está sendo pago / recebido na operação?" Para tanto se emprega a equação 6.3, que é deduzida a da equação 6.1.

$$\text{equação 6.1} \quad Cf \quad = \quad Co\,(1+i)^n$$

$$\frac{Cf}{Co} \quad = \quad (1+i)^n \quad = \quad \sqrt[n]{(Cf/Co)} \quad = \quad (1+i) \quad \sqrt[n]{(Cf/Co)} - 1 \quad = \quad i$$

$$\text{equação 6.3} \quad i \quad = \quad [\sqrt[n]{(Cf/Co)} - 1]$$

Exemplo 1:

Qual a taxa de juros nominal de uma aplicação em CDB no valor de $100.000 para obter um resultado de $125.000 ao final de 3 anos?

a) Estruturar o diagrama do fluxo de caixa

$$n = 3 \text{ anos} \qquad | \quad Cf = 125.000$$
$$i = X$$

Co = 100.000

b) Alinhar i e n
Etapa desnecessária neste exemplo.

c) Aplicar a equação correspondente

$$i \quad = \quad [\sqrt[n]{(Cf/Co)} - 1]$$

$$i \quad = \quad [\sqrt[3]{(125.000/100.000)} - 1] \quad = \quad 1{,}0772$$

$$(1{,}0772 - 1) \times 100 = 7{,}72\%$$

A taxa nominal para gerar o retorno do capital é de 7,72% ao ano.

Exemplo 2

A **Alam Bik Destilaria** tem um recebível no valor de $25.000,00, a ser pago por seu cliente em 60 dias. A empresa necessita fazer um pagamento de $22.000 na próxima segunda. Os gestores pretendem propor a antecipação do pagamento junto ao cliente para gerar caixa. Qual a taxa nominal a ser usada?

Solução:

a) Estruturar o diagrama do fluxo de caixa

$$n = 60 \text{ dias} \qquad Cf = 25.000.000$$
$$i = X$$
$$Co = 22.000$$

b) Alinhar i e n
Neste caso n = 2, pois 60 dias formam dois meses.

c) Aplicar a equação correspondente

$$i = [\sqrt[n]{(Cf / Co)} - 1]$$

$$i = [\sqrt[2]{(25.000/22.000)} - 1] = 1,0660$$

$$(1,0660 - 1) \times 100 = 6,60\%$$

A taxa a ser usada é 6,6% ao mês.

6.4 Encontrando tempo

Neste caso o problema a ser respondido é "qual o prazo para realização da operação?" Para tanto se emprega a equação 6.4, deduzida da equação 6.1, para encontrar n.

$$\text{equação 6.1} \quad Cf = Co(1 + i)^n$$

$$\frac{Cf}{Co} = (1 + i)^n = \log(Cf / Co) = \log(1 + i)\, n$$

$$\frac{\log(Cf / Co)}{\log(1 + i)\, n} = n$$

$$\text{equação 6.4} \quad n \quad = \quad \frac{\log (Cf / Co)}{\log (1 + i)\, n}$$

Exemplo 1

Por quanto tempo deve ser capitalizado \$23.000 para obter \$46.000 com a taxa de 2,5% ao mês?

Solução:

a) Estruturar o diagrama do fluxo de caixa

$$n = X \qquad Cf = 46.000$$
$$i = 2,5\% \text{ a.m.}$$

Co = 23.000

b) Alinhar i e n

Neste caso o resultado já estará alinhando tempo e taxa.

c) Aplicar a equação correspondente

$$n \quad = \quad \frac{\log (46.000/ 23.000)}{\log (1,025)} \quad = \quad \frac{0,6931}{0,02469} \quad = \quad 28$$

O capital deve ser aplicado por 28 meses.

Exemplo 2

Da. Maria abriu uma caderneta de poupança com \$1.000. Ao final de determinado período, ao consultar seu saldo constatou que era de \$2.200. Sabe-se que neste período a taxa de juros da caderneta foi de 0,5% ao mês. Quanto tempo se passou entre a abertura e a consulta do saldo?

Solução:

a) Estruturar o diagrama do fluxo de caixa

$$n = X \qquad Cf = 2.200$$
$$i = 0,5\% \text{ a.m.}$$

Co = 1.000

b) Alinhar i e n

Neste caso o resultado já estará alinhando tempo e taxa.

c) Aplicar a equação correspondente

$$n = \frac{\log (2.200/1.000)}{\log (1,005)} = \frac{0,78845}{0,00498} = 158$$

O capital deve ser aplicado por 158 meses ou aproximadamente 13 anos.

6.5 Valor das Parcelas (R)

Os problemas das quatro próximas seções fazem parte do conceito de anuidade. Por anuidade, deve-se compreender as parcelas pagas ou recebidas de uma só vez ou por meio de uma sucessão de prestações ao longo do tempo. Assim, o tema envolve a definição das parcelas (R), o valor atual das parcelas (P) e o valor futuro das parcelas (S).

O exemplo H. Lopes (Box 6.1) ilustra a questão da anuidade. O valor à vista é o capital recebido de uma só vez e as 10 parcelas recebidas sucessivamente.

A questão proposta para o problema é "se um valor à vista fosse parcelado igualmente mediante uma taxa de juros, qual o valor de cada parcela?". Para solucionar este problema emprega-se a equação 6.5.

$$\text{equação 6.5} \quad R = \frac{P}{a_{n,i}}$$

$a_{n,i}$ representa o fator de valor atual de parcelas. Lê-se a n cantoneira i e pode ser identificado por meio da equação 6.6.

$$\text{equação 6.6} \quad a_{n,i} = \frac{(1+i)^n - 1}{i(1+i)^n}$$

Exemplo 1:

O preço à vista de um imóvel é $80.000. Há a opção de financiá-lo em 18 parcelas iguais com uma taxa de 3,5% a.m. Qual o valor da parcela?

Solução:

a) Estruturar o diagrama do fluxo de caixa

$$R = X$$

$$n = 18 \text{ meses}$$
$$3{,}5\% \text{ a.am.}$$

P = 80.000

b) Alinhar i e n

Neste caso não se aplica.

c) Aplicar a equação correspondente

$$R = \frac{P}{a_{n,i}} = \frac{80.000}{13{,}1897} = 6.065{,}34$$

$$a_{n,i} = \frac{(1{,}035)^{18} - 1}{0{,}035\,(1{,}035)^{18}} = \frac{0{,}857489}{0{,}065} = 13{,}1897$$

O valor da parcela é \$6.065,34, considerando o valor à vista de \$80.000 e aplicando-se 13,1897 como fator de valor atual.

Exemplo 2:

H. Lopes está oferecendo uma sela de prata por \$1.500 à vista, podendo ser financiada em 10 prestações. Adotando-se 10% a.m. como taxa de juros, qual o valor da parcela?

Solução:

a) Estruturar o diagrama do fluxo de caixa

$$R = X$$

$$n = 10 \text{ meses}$$
$$i = 10\% \text{ a.am.}$$

P = 1.500

b) Alinhar i e n
Neste caso não se aplica.

c) Aplicar a equação correspondente
Primeiro encontra-se o fator de valor atual

$$a_{n,i} = \frac{(1{,}010)^{10} - 1}{0{,}1\,(1{,}01)^{10}} = \frac{1{,}5937}{0{,}2593} = 6{,}1446$$

Em seguida aplica-se na equação 6.5.

$$R = \frac{P}{a_{n,i}} = \frac{1.500}{6,1446} = 244,05$$

O valor da parcela que a H. Lopes deve adotar é $244,05.

6.6 Valor Atual das Parcelas (P)

Ainda dentro do tema anuidade e considerando a existência de parcelas a serem pagas ou recebidas ao longo do tempo, pode-se perguntar "qual o valor presente dessas parcelas?"

Esse problema se apresenta no exemplo de Arlindo Orlando, Box 6.1. Neste o valor do imóvel foi financiado e o mutuário deverá pagar por 20 anos as parcelas da dívida. O valor presente dessas parcelas forma o P.

A equação 6.6 permite resolver o problema e se desenvolve a partir da equação 6.5.

$$\text{equação 6.5} \quad R = \frac{P}{a_{n,i}}$$

$$\text{equação 6.6} \quad P = R\,a_{n,i}$$

Exemplo 1

Emergenciana Finimundo tem uma dívida composta por 24 parcelas de $1.000 cada, com juros de 8% ao mês. Se fosse quitar essa dívida hoje, qual o valor a ser pago?

Solução:

a) Estruturar o diagrama do fluxo de caixa

$$\underline{R = 1.000}$$

$$n = 24 \text{ meses}$$
$$P = X \qquad i = 8\% \text{ a.m.}$$

b) Alinhar i e n

Não se aplica neste caso, pois i e n estão na mesma base temporal.

c) Aplicar a equação correspondente

$$P = R\,a_{n,i} = 1000\,a_{24,i8} = 1.000 \times 10,5288 = 10.528,80$$

$$a_{n,i} = \frac{(1,08)^{24} - 1}{0,08\,(1,08)^{24}} = \frac{5,34118}{0,50729} = 10,5288$$

O valor atual das parcelas é $10.528,80.

Exemplo 2

Arlindo Orlando pode pagar parcelas de $1.200 por mês para adquirir um imóvel financiado por 20 anos. Considerando i=10% ao ano, qual o valor do financiamento a ser obtido por este mutuário?

Solução:

a) Estruturar o diagrama do fluxo de caixa

$$R = 1.200$$
$$n = 20 \text{ anos}$$
$$P = X \quad i = 10\% \text{ a.a.}$$

b) Alinhar i e n

Nesta etapa deve-se cumprir duas fases. A primeira encontrar a ie mensal para i=10% a.a.

$$ie = (1 + i)^{1/n}$$
$$ie = (1,1)^{1/12}$$
$$ie = 1,007974$$

Em seguida converter n em meses, para ficar na mesma base de i, então n=240 meses.

c) Aplicar a equação correspondente

$$P = R\,a_{n'i} = 1.200\,a_{240,10} = 1.200 \times 106,766 = 128.119,20$$

$$a_{n'i} = \frac{(1,007974)^{240} - 1}{0,007974\,(1,007974)^{240}} = \frac{5,727275}{0,0536432} = 106,7660$$

Dada a capacidade de pagamento mensal o valor do financiamento é de $128.119,20.

6.7 Valor Futuro das Parcelas (S)

No item 6.5 abordou-se a definição das parcelas (R) e no item 6.6 a identificação do valor atual de R (P). Nesta seção é tratado o valor futuro de R.

Na Box 6.1 o exemplo deste tema é o caso das Lojas Quixadá, que capta recursos para trocá-los por produtos no futuro. A questão problema pode ser "qual o valor futuro de parcelas pagas / recebidas ao final do período de pagamento ou recebimento?"

Para buscar a solução aplica-se a equação 6.7, na qual $s_{n,i}$ é ofator de acumulação de capital.

$$\text{equação 6.7} \quad S = R\, S_{n,i}$$

$$\text{equação 6.8} \quad S_{n,i} = \frac{(1+i)^n - 1}{i}$$

Exemplo 1

Uma pessoa poupa $1.000 por mês, a taxa de 0,5% ao mês. Quanto acumulará em 8 anos?

Solução:

a) Estruturar o diagrama do fluxo de caixa

$$
\begin{array}{l}
R = 1.000 \qquad\qquad\qquad S = X \\
n = 8 \text{ anos} \\
\end{array}
$$

Co = 10.000 $\qquad$ i = 0,5% a.m.

b) Alinhar i e n

Primeiramente colocar n na mesma base temporal da taxa. Assim, 8 anos equivale a 96 meses.

c) Aplicar a equação correspondente

$$S = R\, S_{n,i} = 1.000 \times 122,828 = 122.828,54$$

$$S_{n,i} = \frac{(1,005)^{96} - 1}{0,005} = \frac{0,61414}{0,005} = 122,828$$

O valor acumulado ao final de 8 anos é de $122.828,54.

Exemplo 2

As Lojas Quixadá oferecem aos seus clientes a oportunidade de pagar $100 por mês, durante 12 meses. Ao final do período os clientes podem retirar o valor pago corrigido por uma taxa de 0,9% ao mês. Qual valor pode ser usado pelos clientes ao final do período?

Solução:

a) Estruturar o diagrama do fluxo de caixa

$$\begin{array}{c} \underline{ \quad R = 100 \quad } \\ n = 12 \text{ meses} \qquad S = X \\ i = 0,9\% \text{ a.m.} \end{array}$$

b) Alinhar i e n

Neste caso não se aplica, pois i e n estão na mesma base temporal.

c) Aplicar a equação correspondente

$$S \quad = \quad R\, S_{n,i} \quad = \quad 100 \times 12,6121 \quad = \quad 1.261,21$$

$$S_{n,i} \quad = \quad \frac{(1,009)^{12} - 1}{0,009} \quad = \quad \frac{0,113509}{0,009} \quad = \quad 12,6121$$

Os clientes poderão adquirir mercadorias até o valor de $1.261,21.

6.8 Definindo o valor das parcelas a partir do valor futuro (S)

O problema apresentado aqui poder ser expresso na seguinte questão: "se um valor futuro fosse parcelado, qual o valor das parcelas para atingir o valor futuro?"

Dentre os exemplos da Box 6.1, o caso de Leoveral Venéreo é o que mais se adequa, pois ao identificar a estimativa de gastos no futuro (temporada no *resort*), ele define quanto terá de poupar mensalmente.

Para solucionar aplica-se a equação 6.9, derivada da equação 6.7

$$\text{equação 6.7} \quad S \quad = \quad R\, S_{n,i}$$

$$\text{equação 6.9} \quad R \quad = \quad \frac{S}{S_{n,i}}$$

Exemplo 1:

Grauby Zildomar tem por objetivo formar uma reserva no valor de $100.000 em dois anos. Para isso, pretende poupar mensalmente e aplicar em fundo que rende 12% a.a. Qual o valor mensal a ser poupado?

Solução:
a) Estruturar o diagrama do fluxo de caixa

$$|\quad R = X \quad | \quad \quad \quad | \quad S = 100.000$$
$$n = 2 \text{ anos}$$
$$i = 12\% \text{ a.a.}$$

b) Alinhar i e n

Para alinhar i e n é necessário, inicialmente, encontrar a ie mensal para i=12% a.a.

$$ie = (1 + i)^{1/n}$$
$$ie = (1,12)^{1/12}$$
$$ie = 1,009488$$

Desta forma, i = 0,9488%.

Em seguida deve-se converter n em meses, para ficar na mesma base de i, então n = 24 a meses.

c) Aplicar a equação correspondente

$$R = \frac{100.000}{26,8103} = 3.729,91$$

$$S_{n,i} = \frac{(1,009488)^{24} - 1}{0,009488} = \frac{0,2544}{0,009488} = 26,8103$$

Mensalmente o valor a ser poupando é de $3.729,91.

Exemplo 2:

Leoveral Venéreo estima que vai gastar $10.000 com um pacote de uma semana em um *resort* para ele e sua família. O pacote inclui passagem aérea ida e volta, translado e hospedagem *all incluse*. Para custear a viagem Leoveral pretende poupar mensalmente, durante 10 meses e aplicar o valor em um fundo de renda fixa que rende 1,2% ao mês. Qual valor deve ser poupando por Leoveral?

Solução:

a) Estruturar o diagrama do fluxo de caixa

$$|\quad R = X \quad | \quad \quad \quad | \quad S = 10.000$$
$$n = 10 \text{ meses}$$
$$i = 1,2\% \text{ a.m.}$$

b) Alinhar i e n

Nesse caso não se aplica, pois i e n estão na mesma base temporal.

c) Aplicar a equação correspondente

$$R = \frac{10.000}{10,5576} = 947,19$$

$$S_{n,i} = \frac{(1,012)^{10} - 1}{0,012} = \frac{0,126691}{0,012} = 10,5576$$

Mensalmente Leoveral deverá poupar $947,19.

6.9 Valor Atual de Parcelas Não Uniformes

O valor atual de parcelas não uniformes refere-se à equivalência de capitais para séries heterogêneas. Deve-se entender equivalência de capitais como a comparação entre dois ou mais valores diferentes e localizados em datas diferentes.

A definição padrão de equivalência de capitais é apresentada por Mathias e Gomes (1982, p. 208) "dois ou mais valores nominais, referentes à data de vencimentos determinadas, se dizem equivalentes quando seus valores, descontados para uma mesma data, á mesma taxa e em idênticas condições, produzirem valores iguais".

A questão central que pauta esse problema é "qual o valor atual de parcelas com vencimentos e valores nominais distintos?"

Para solucionar este problema emprega-se a equação 6.10.

$$\text{equação 6.10} \quad V = \frac{N}{(1 + i)^{n}}$$

Onde: N é o valor nominal da parcela, equivale ao Cf ou a R com valores e V o valor atual equivalente a Co.

Exemplo 1:

Da. Maria tem as seguintes dívidas e prazos para quitá-las:

$1.000	6 meses
$2.000	12 meses
$5.000	15 meses

Supondo uma taxa de juros de 3% ao mês qual o valor atual da dívida?

Solução:
a) Estruturar o diagrama do fluxo de caixa

	N = 1.000	N = 2.000	N = 5.000
V = X	n = 6 meses	n = 12 meses	n = 15 meses
	i = 3% a.m.		

b) Alinhar i e n
Neste caso não se aplica, pois i e n estão alinhados.

c) Aplicar a equação correspondente

$$V = \frac{1.000}{(1,03)^6} + \frac{2.000}{(1,03)^{12}} + \frac{5.000}{(1,03)^{15}}$$

$$V = 837,48 + 1.402,76 + 3.209,31$$

$$V = 5.449,55$$

O valor atual da dívida é $5.449,55.

Exemplo 2:
A Alan Bik tem as seguintes duplicatas a pagar e seus respectivos vencimentos junto ao seu principal fornecedor.

$200.000	12/05
$650.000	20/06
$422.000	07/08
$306.000	25/08

Em 02/03 foi proposto fazer a quitação total das duplicatas considerando uma taxa de desconto de 0,2% ao dia. Qual o valor atual?

Solução:
a) Estruturar o diagrama do fluxo de caixa

	N=200.000	N = 650.000	N = 422.000	N = 306.000
V = X	12/05	20/06	07/08	25/08
		i = 0,2% a.d.		

b) Alinhar i e n

Como a taxa é diária deve-se encontrar o número de dias entre o vencimento e a data focal ou de vencimento.

$200.000   12/05   71 dias
$650.000   20/06   116 dias
$422.000   07/08   158 dias
$306.000   25/08   176 dias

c) Aplicar a equação correspondente

$$V = \frac{200.000}{(1,002)^{71}} + \frac{650.000}{(1,002)^{116}} + \frac{422.000}{(1,002)^{158}} + \frac{306.000}{(1,002)^{176}}$$

$$V = 173.548,86 + 515.534,41 + 307.760,19 + 215.279,38$$

$$V = 1.212.123,84$$

O valor atual da dívida é $1.212.123,84.

6.10 Valor Futuro de Parcelas Não Uniformes

Este problema também é um caso de equivalência de capital, mas direcionado para o futuro. A questão pode ser expressa da seguinte forma: "qual o valor futuro de parcelas com vencimento em prazos distintos?". A solução vem por meio da equação 6.11.

equação 6.11 $Vf = N(1+i)^n$

Exemplo 1:

Octanio Rivadavia tem três empréstimos nos valores de $1.000, $1.200 e $1.500 a vencer nos meses de fevereiro, maio e agosto, respectivamente. Como não conseguirá saldar nos prazos, pretende propor ao credor pagá-lo em dezembro quando receber seu 13º. Considerando a taxa de 7,5% ao mês e que o vencimento é no dia 1 de cada mês e que o pagamento será em 31 de dezembro, qual o valor equivalente desses capitais em dezembro?

Solução:

a) Estruturar o diagrama do fluxo de caixa

N = 1.000	N = 1.200	N = 1.500	
n = Fevereiro	n = Maio	n = Agosto	n = Dezembro
	i = 3% a.m.		Vf = X

b) Alinhar i e n

i e n estão alinhados na mesma base temporal: meses, mas é necessário identificar o número de meses entre o vencimento e a data de pagamento.

Valor	Mês de vencimento	n
1.000	Fevereiro	11
1.200	Maio	8
1.500	Agosto	5

c) Aplicar a equação correspondente

$$Vf = 1.000\,(1,075)^{11} + 1.200(1,075)^{8} + 1.500(1,075)^{5}$$

$$Vf = 2.215,60 + 2.140,17 + 2.153,44$$

$$Vf = 6.509,21$$

O valor nominal das dívidas é $3.700 e o valor equivalente em dezembro será de $6.509,21.

Exemplo 2:

Sarah Phatel pretende reservar $2.100 do seu salário em janeiro, $1.800 em julho e $2.100 em outubro, e aplicar em uma operação financeira que renda 2% ao mês. O objetivo de Sarah é obter um capital de $7.000 para fazer uma viagem. Suponha que seu salário caia na sua conta corrente no dia primeiro do mês e que sua viagem seja em 1 de dezembro. Nessas condições Sarah alcançará seu objetivo?

$$Vf = 2.000\,(1,02)^{11} + 1.800(1,02)^{5} + 2.100(1,02)^{2}$$

$$Vf = 2.486,74 + 1.987,34 + 2.184,84$$

$$Vf = 6.658,92$$

Nas condições propostas Sarah Phatel não atingirá seu objetivo, pois o capital equivalente aos valores nominais é de $6.658,92.

Questões para Revisão e Fixação

1 – Complete a informação faltante nas situações a seguir

Co	n (anos)	i (%)	Cf
	6	4%	15.500
	7	11%	50.000
	10	20%	500.000
	23	13%	800.000
2.400	2		3.700
5.600		8%	12.000
8.000		9%	43.000
8.700	13	8%	
8.800	10		8.960
18.500		15%	360.000
22.000		22%	180.000
22.500	16	10%	
38.000	36		480.000
39.000	15		175.000
76.000	4	15%	
183.000	12	5%	

2 – Lidovino Lordelo fez um aporte de $1.000 em um fundo de previdência para ser resgatado em 18 anos. Sabe-se que a taxa é de 10,5% a.a. Qual o valor a ser resgatado?

3 – Eutíco Longuinhos pretende fazer um MBA. O curso custa por ano $15.000 e tem 3 anos de duração.

   a) Qual o valor a ser aplicado hoje a taxa de 10% a.a. para pagar o curso?

   b) Se a taxa reduzir para 8,5%, qual o valor a ser aplicado?

   c) Supondo que Eutico Longuinhos tenha somente $30.000 quanto levará para capitalizar e obter o valor necessário para pagar o curso?

   d) Explique por que se a taxa de juros reduz aumenta o capital necessário.

4 – Leodegário Dagobê sabe que pode pagar $25.000 / ano por 5 anos. Sabendo-se que o custo do dinheiro é 22,5% a.a., qual o valor atual do financiamento?

   a) se as taxas passarem para 18%, qual a sua capacidade de endividamento?

   b) se a capacidade de pagamento cair para 3 anos, qual a capacidade de endividamento?

A que taxa de juros deve ser colocado um capital para triplicar em 10 anos?

5 – Um revendedor de automóveis anuncia 2 planos para um mesmo veículo.

Plano A: entrada de $10.000, mais $7.500 após 3 meses e mais $10.750 sete meses após a compra.

Plano B: $6.000 de entrada mais $47.550 após um ano

Qual o valor a vista considerando uma taxa de desconto 10%.

6 – João pediu $10 emprestado a Carlos, que se comprometeu a pagar em 10 dias $100. Qual a taxa de juros anual?

7 - Supondo uma taxa de 9%, quanto tempo é necessário para:

a) duplicar

b) triplicar

c) quadruplicar

8 – Renavan emprestou ao seu irmão Gardenal $1.800, com a condição de receber $2.000 em três meses. Qual a taxa de juros anual praticada pelos irmãos?

9 – Uma empresa propõe aos seus clientes para pagarem 12 prestações de R$10,00 e ao final o cliente retira R$150,00 em mercadorias em suas lojas.

a) Qual a taxa de juros praticada pela empresa?

b) Qual o valor atual das parcelas pagas, considerando a taxa encontrada em "a"?

c) Qual o valor atual do montante pago supondo uma inflação de 4,5% a.a.?

d) Qual a taxa real, supondo uma inflação de 2%?

10 – Quanto você precisa poupar por mês para obter R$1 milhão com 60 anos? Suponha uma taxa de juros de 0,5% ao mês.

11 – Supondo que a inflação seja de 5% a.m., qual o valor atual do montante do exercício 2?

12 – Um jogador de futebol assinou um contrato por 3 anos no valor de US$25 milhões, nas seguintes condições: 2 milhões na assinatura do contrato, 5 ao final do primeiro ano, 8 ao final do segundo ano e 10 ao final do terceiro ano. Adotando uma taxa de 15% ao ano, responda qual o valor do contrato na data da assinatura?

13 – Você está procurando um investimento que pague $12.000 por ano pelos próximos 12 anos. Se o retorno for de 12% ao ano, qual o valor do aporte a ser realizado?

14 – Em 2003, a Sotheby's leiloou a escultura "A pequena bailarina de quatorze anos" de Edgar Degas, por US$12.377.500. Em 1999 a mesma escultura tinha sido adquirida por US$10.311.500. Qual o retorno mensal no período? Mantendo-se esta taxa de retorno, qual o valor da obra em janeiro de 2023?

7 – INDEXAÇÃO: A ARTE DE ATUALIZAR VALORES

Box 7.1 – Um milhão de reais, é dinheiro ou, não é?

Entre 1/8/76 e 24/04/77 foi exibido aos domingos pela TV Globo o programa **8 ou 800**, que pagava 800 mil cruzeiros à quem respondesse "absolutamente certo" perguntas sobre um assunto de domínio dos participantes. Houve apenas dois ganhadores. (DICIONÁRIO DA TV GLOBO, 2003).

Em 7/11/1999 estreava pelo SBT o programa **Show do Milhão**. Este programa foi exibido até 23/10/2003, voltando à grade de 8/7 a 3/9/2009 e novamente em 03/09/2021. Houve apenas um ganhador.

Em 06/05/2017 o programa Caldeirão do Huck, da Rede Globo, passou a exibir o quadro: **Quem quer ser um milionário?** prometendo pagar 1 milhão de reais a quem responder um conjunto de perguntas sobre temas variados. Até o momento em que este texto está sendo escrito não houve nem um contemplado com o prêmio.

Um milhão enche a boca, mas não enche o bolso. Quanto vale R\$1 milhão entre a data da estreia dos programas citados e hoje? E Cr\$800 mil, 48 anos depois, quanto vale?

Indexação consiste na atualização de valores monetários por meio da aplicação de índices de preços. Também chamada de correção monetária, seu objetivo é atualizar os valores de: contratos de trabalho e de locação de imóveis, parcelas de financiamento, de aplicações financeiras, de relatórios contábeis e de ativos.

Em essência a indexação se desenvolve dentro do escopo do valor do dinheiro no tempo, pois traz a valor atual os valores nominais pretéritos. Ao mesmo tempo em que permite identificar um valor equivalente no passado de um valor nominal presente. Ao atualizar os valores consegue-se avaliar o impacto da inflação sobre o poder de compra.

O método da indexação segue quatro etapas: escolha de um índice de preços, construção de números índices, atualização dos valores nominais e ajuste monetário. Estas etapas são objeto do presente capítulo. Porém, antes de iniciar as seções propostas, se faz mister apresentar quatro conceitos básicos:

- valor nominal é o valor do contrato ou do ativo na data original e que será objeto da indexação;

- valor atualizado ou indexado é o valor na data focal;

- data base ou de referência é a data original do valor a ser indexado;

- data focal, atual ou presente é a data para a qual se quer trazer o valor nominal.

7.1 Escolha do Índice de Preços

O índice de preços é um número que descreve a evolução dos preços de uma cesta de produtos, servindo para mensurar a taxa de inflação e deflacionar valores monetários ou nominais (PINHO *et al.*, 2011).]

Existem várias modalidades de índice de preços, a mais usual é o Índice de Preços Laspeyres (IPL), conforme a equação 7.1.

$$\text{equação 7.1} \quad \text{IPL} \quad = \quad \frac{\Sigma(q_o \times p_n)}{\Sigma(q_o \times p_o)}$$

Por esta modalidade uma cesta de produtos (q_o) é avaliada no período o pelos preços praticados neste período (p_o). Nos períodos subsequentes a mesma cesta é reavaliada pelos preços praticados nesses outros períodos (p_n). O índice capta as alterações dos preços de produtos em percentual.

Existem vários índices de preços elaborados por várias instituições, entre outras destacam-se IBGE, DIEESE, FIPE e FGV. Esta última, por exemplo, publica mensalmente na revista Conjuntura Econômica, um encarte com 30 conjuntos de índices de preços apresentados em 82 colunas que abrangem vários segmentos da economia e os insumos empregados por esses.

Destaca-se que as diferenças entre os índices publicados vêm dos componentes da cesta de produtos, do período e do local da coleta.

Com relação à cesta de produtos, existem índices sobre produtos adquiridos por consumidores, vendidos pelo produtor ou no atacado, itens da construção civil e imóveis. Destaca-se que podem ser criados, pelo método de Lapeyres, índices de preço de qualquer conjunto de bens: matéria-prima de uma empresa, produtos adquiridos por uma família específica etc.

Mesmo índices que contemplam cestas semelhantes, podem possuir períodos de coletas distintos: de 21 de um mês a 20 do mês subsequente, de 1 a 30 do mês ou de 1 a 25 do mês, o que gera resultados diferentes. O mesmo se dá com relação ao local de coleta: cidades ou pontos de venda.

Neste contexto a escolha do índice de preços a ser usado na indexação de valores deve estar alinhada ao objeto do valor. Assim, se o valor for proveniente de:

- um imóvel recomenda-se o INCC (FGV) ou CUB (SINDUSCON) que avaliam os preços da construção civil;

- contatos financeiros, indica-se o IGP-M;

- salários, sugere-se o ICV (DIEESE), o INPC ou IPC-A, ambos do IBGE;

- itens mais específicos como bens e serviços pode-se aplicar índices da FGV publicados na revista Conjuntura Econômica;

- valores em geral pode-se aplicar o IGP-M por ser divulgado no primeiro dia do mês ou IPC-A por medir a inflação oficial.

Essas são recomendações gerais, mas cada caso deve ser analisado considerando o valor e o objeto associado (se houver) para definir o índice adequado. Neste capítulo, nos exemplos, exercícios e casos são adotados o IGP-M, por apontar a inflação de um mês fechado e ser empregado na correção de contratos e ativos financeiros e o IGP-DI por possuir uma série histórica mais longa: desde 1944. Vide Apêndice C.

7.2 Construção de Número Índice

Para ilustrar tome-se o seguinte problema: qual o valor atualizado de R$100,00 de 31/12/2021, corrigido pelo IGP-M até 01/07/2022? A Tabela 7.1 apresenta o IGP-M do período de indexação.

	IGP-M
Jan.	1,82%
Fev.	1,83%
Mar.	1,74%
Abr.	1,41%
Mai.	0,52%
Jun.	0,59%

Tabela 7.1 – IGP-M 1º Semestre de 2022

De posse da série histórica do índice de preços escolhido deve-se construir uma série de número índice. Para isto esta etapa é constituída por quatro fases.

A primeira fase consiste em encontrar a variação acumulada do índice de preços adotado. Para tanto se emprega a equação 7.2. Na data base a variação acumulada é igual a 1.

Deve-se destacar que quando o índice for aplicado em uma parte do período correspondente deve-encontrar a taxa pró-rata tempore, ou seja, proporcional ao número de dias. Por exemplo, se o índice de preços for 2,5% em determinado mês, mas a data base do valor nominal for dia 18, deve-se buscar a taxa equivalente a doze dias, conforme visto no capítulo 4.

$$\text{equação 7.2} \quad \frac{\text{Índice de preço}}{100} + 1 \quad \times \quad \text{Variação Acumulada do período anterior}$$

Aplicando-se a equação 7.2 na inflação do mês de janeiro, tem-se:

$$\frac{1,82}{100} + 1 \quad \times \quad 1,0000 \quad = \quad 1,0182$$

Aplicando-se a equação 7.2 na inflação do mês de fevereiro, tem-se:

$$\frac{1,83}{100} + 1 \quad \times \quad 1,0182 \quad = \quad 1,0368$$

Note-se que 1,000 refere-se à data base e a partir deste

ponto emprega-se a variação do período anterior para formar a variação acumulada do período atual.

A Tabela 7.2 apresenta a variação acumulada para valores apresentados na Tabela 7.1

	IGP-M	IGP-M Acumulado
Data Base		1,0000
Jan.	1,82%	1,0182
Fev.	1,83%	1,0368
Mar.	1,74%	1,0549
Abr.	1,41%	1,0697
Mai.	0,52%	1,0753
Jun.	0,59%	1,0817

Tabela 7.2 – IGP-M 1º Semestre 2022: variação acumulada

A segunda fase consiste na definição do período focal, para o qual se quer encontrar o valor presente e igualá-lo a 100.

Na terceira fase constrói-se o número índice dividindo-se a variação acumulada de cada período pela variação acumulada da data focal e multiplica-se por 100, conforme equação 7.3.

$$\text{equação 7.3} \quad \text{Número Índice} = \frac{\text{Var. Acumulada}}{\text{Var. Acum. do período focal}} \times 100$$

A Tabela 7.3 apresenta o número índice para o índice de preços adotado.

Data Base	IGP-M	IGP-M Acumulado	Número Índice
		1,0000	92,4509
Jan.	1,82%	1,0182	94,1336
Fev.	1,83%	1,0368	95,8562
Mar.	1,74%	1,0549	97,5241
Abr.	1,41%	1,0697	98,8992
Mai.	0,52%	1,0753	99,4135
Jun.	0,59%	1,0817	100,0000

Tabela 7.3 – IGP-M 1º Semestre 2022: número índice

Aplicando-se a equação 7.3 na variação acumulada do mês de janeiro, tem-se:

$$\frac{1,0182}{1,0817} \quad \text{x} \quad 100 \quad = \quad 94,1336$$

Deve-se destacar que os números da variação acumulada são muitas vezes uma dízima, implicando que o número índice apresente divergências ao utilizar-se apenas algumas casas. No exemplo do mês de janeiro, empregando apenas os números aplicados na equação resulta 94,1296. Mas não quer dizer que está errado apenas é o impacto da quantidade de casas decimais que é usado.

7.3 Atualização dos Valores Nominais

A etapa de atualização de valores nominais se realiza pela divisão do valor pelo número índice do período base e multiplicado por 100. O resultado encontrado é o valor indexado na data focal estabelecida. Conforme a equação 7.4.

$$\text{equação 7.4} \quad \text{Valor Indexado} \quad = \quad \frac{\text{Valor Nominal}}{\text{N}^{\text{o}} \text{ Índice data base}} \quad \text{x } 100$$

Tomando o exemplo o valor nominal de R\$100,00 na data base de 31/12/2021, indexado para a data focal de 31/07/2022 possui um valor presente de R\$108,17.

$$\text{equação 7.4} \quad \frac{100,00}{0,9209} \quad \text{x } 100 \quad = \quad 108,17$$

Este método pode ser aplicado para encontrar o valor indexado em qualquer momento do tempo. No exemplo, buscou-se o valor atual no final do primeiro semestre de 2022 de um valor nominal do final de 2022. Poder-se-ia buscar o valor atual em janeiro, no Carnaval ou na Semana Santa.

Outro aspecto relevante é o deflacionamento, que consiste em levar um valor presente para uma data focal anterior. Tomando o exemplo, R\$100,00 em 01/07/2022, equivale a R\$92,45. O método é o mesmo.

7.4 Ajustes Monetários[11]

Para os valores nominais, cuja data focal esteja até 30/6/1994, após os procedimentos descritos nas seções anteriores deve-se dividir os valores indexados pelos fatores de ajustes (vide Quadro 7.1), conforme da data base.

[11] Esta seção foi elaborada com o apoio de Sandroni (2004) e Banco Central do Brasil (2022).

Quadro 7.1 – Fatores de Ajustes Monetários

Conversão Monetária	Período de Vigência	Fator de Ajuste
Rs1$000 = Cr$1,00	Até 30/10/1942	2.750.000.000.000.000.000
Cr$1.000 (antigos) = NCr$1,00 (novos)	01/11/1942 13/02/1967	2.750.000.000.000.000
NCr$1,00 (novos) = Cr$1,00	13/02/1967 14/05/1970	2.750.000.000.000
Cr$1.000 = CZ$1,00	15/05/1970 27/02/1986	2.750.000.000.000
CZ$1.000 = NCZ$1,00	28/02/1986 15/01/1989	2.750.000.000
NCZ$1,00 = Cr$1,00	16/01/1989 15/03/1990	2.750.000
Cr$1.000 = CR$1,00	15/03/1990 27/03/1993	2.750.000
CR$2.750 = R$1,00	28/03/1993 30/06/1994	2.750

Este procedimento adicional se faz necessário em função das mudanças nos padrões monetários brasileiros ocorridas a partir de 1942, com ênfase nos planos de estabilização econômica implantados nos anos 80 e 90 do Século XX.

Foram sete alterações nos padrões monetários brasileiros. A primeira data de 1/11/1942, quando 1.000 réis (Rs1$000) passaram a equivaler a um cruzeiro (Cr$1,00). Em 13/02/1967 houve a transformação dos cruzeiros antigos (criados em 1942) em cruzeiros novos na paridade Cr$1.000 para NCr$1,00. Em 15/05/1970 a moeda voltou a ser nominada por cruzeiros e vigorou até 27/02/1986.

A terceira alteração ocorreu por meio do Plano Cruzado e vigorou entre 28/02/1986 e 15/01/1989. Neste novo padrão monetário Cr$1.000 passou a valor Cz$1,00.

A quarta alteração nas unidades monetárias ocorre em 16/01/1989, por meio do Plano Verão, que introduz o cruzado novo, na paridade de Cz$1.000,00 para NCz$1,00, tendo vigido até 15/03/1990.

A quinta alteração do padrão monetário pertence ao universo do Plano Collor, implementado a partir de 16/03/1990. Por este a moeda nacional volta a ser o cruzeiro, porem sem alteração na equivalência com o cruzado novo (NCz$).

Em 01/08/1993 há uma nova alteração no padrão monetário nacional com a substituição do NCz$ pelo Cruzeiro Real (CR$)

na proporção de NCz$1.000,00 por CR$1,00. Em 01/07/1994 passa a vigorar o real (R$) que substitui a moeda anterior na paridade de CR$2.750 para R$1,00. Estas duas últimas alterações fazem parte do escopo do Plano Real[12].

O *site* do Banco Central do Brasil (2022) traz um exemplo das alterações nos valores nominais decorrente das mudanças nos padrões monetários. Destaca-se que esta informação não apura o valor real nem demonstra o poder de compra. Este exemplo é adaptado no Quadro 7.2.

Quadro 7.2 – Exemplo das alterações no Padrão Monetário Brasileiro

Mudança no Padrão	Valor Nominal	Valor Convertido
De Réis para Cruzeiros	Rs 1.020.100.800:120$230[13]	Cr$1.020.100.800.120,23
Extinção dos centavos em 1964	Cr$1.020.100.800.120,23	Cr$1.020.100.800.120
De Cruzeiros para Cruzeiros Novos	Cr$1.020.100.800.120	NCr$1.020.100.800,12
A volta do Cruzeiro	NCr$1.020.100.800,12	Cr$1.020.100.800,12
Extinção dos centavos em 1984	Cr$1.020.100.800,12	Cr$1.020.100.800
Plano Cruzado	Cr$1.020.100.800	Cz$1.020.100,80
Plano Verão: Cruzados Novos	Cz$1.020.100,80	NCz$1.020,10
Plano Collor: a volta do Cruzeiro	NCz$1.020,10	Cr$1.020,10
Cruzeiro Real: início do Plano Real	Cr$1.020,10	CR$1,02
Implantação do Real	CR$1,02	R$0,00037

Fonte: adaptado de Banco Central do Brasil (2022)

À medida que ocorreram alterações no padrão monetário e houve o corte de zeros: quatro vezes mais a conversão de CR$ por R$, os valores indexados devem ser ajustados a estas mudanças na equivalência monetária. Assim, ao identificar o valor nominal e a data focal deve-se observar se esta pertence a períodos que tiveram alterações no padrão monetário e com isto aplicar o fator de reajuste correspondente.

7.5 – Problemas de Indexação

Esta seção traz alguns exemplos de aplicação do processo de indexação.

---

[12] Houve ainda duas alterações no padrão monetário que se refere a extinção dos centavos. A primeira entre 02/12/64 e 12/02/1967 e a segunda ente 16/08/84 a 27/02/1986. Ambas sem impacto no valor nominal da moeda.

[13] Lê-se um bilhão, vinte milhões, cem milhões, oitocentos mil contos, cento e vinte mil e duzentos e trinta réis. Um conto de réis equivalia a um milhão de réis.

Problema 1: Da. Maria alugou sua casa em 15/9/2019 por R$1.500,00. Qual o valor atual do aluguel em 31/08/2022.

Solução:

a) Definindo o Índice de Preços

Neste exemplo, por ser valor de aluguel adota-se o IGP-M. Os valores para o período estão na Tabela 7.4. Como a data base está no dia 15, deve-se encontrar a taxa equivalente para 15 dias restantes do mês de setembro de 2019. O IGP-M em setembro de 2019 foi de -0,01%.

$$ie \quad = \quad (1+i)^{1/n}$$

$$ie \quad = \quad (0,9999)^{15/30}$$

$$ie = -0,005$$

Para o mês de setembro o índice de preços adotado é -0,005% que é taxa equivalente, ou pro rata tempore, na segunda quinzena do mês.

Período	IGP-M
set-19	-0,005
out-19	0,680
nov-19	0,300
dez-19	2,090
2020	23,14
2021	17,79
jan-22	1,820
fev-22	1,830
mar-22	1,740
abr-22	1,410
mai-22	0,520
jun-22	0,590
jul-22	0,210
ago-22	-0,700

Tabela 7.4 – IGP-M para o período

b) Calculando o Número Índice

A Tabela 7.5 apresenta o número índice do IGP-M, calculado conforme o método apresentado na seção 7.2.

Período	IGP-M	IGP-M Acumulado	Número Índice
data base 15/09/2019		1,00000	62,13522
set-19	-0,005	0,99995	62,13211
out-19	0,680	1,00675	62,55461
nov-19	0,300	1,00977	62,74228
dez-19	2,090	1,03087	64,05359
2020	23,140	1,26942	78,87559
2021	17,790	1,49525	92,90756
jan-22	1,820	1,52246	94,59848
fev-22	1,830	1,55032	96,32963
mar-22	1,740	1,57730	98,00576
abr-22	1,410	1,59954	99,38765
mai-22	0,520	1,60786	99,90446
jun-22	0,590	1,61734	100,49390
jul-22	0,210	1,62074	100,70493
ago-22	-0,700	1,60939	100,00000

Tabela 7.5 – IGP-M do Período em número índice

c) Encontrando o Valor Indexado

$$\text{Valor Indexado} = \frac{\text{Valor Nominal}}{\text{N}^{\circ}\text{ Índice data base}} \times 100$$

$$\text{Valor Indexado} = \frac{\text{R\$1.500,00}}{62,13522} \times 100$$

$$\text{Valor Indexado} = \text{R\$2.414,09}$$

O valor indexado para a data focal de 31/08/2022 é R\$2.414,09, sendo este o valor atual do aluguel. Não sendo necessário ajuste monetário, pois não houve alteração no padrão monetário no período.

Problema 2: O programa Quem quer ser um milionário estreou em 06/05/2017, prometendo pagar R\$1 milhão para o vencedor. Qual o valor do prêmio na data focal de 31/08/2022?

Solução:

a) Definindo o Índice de Preços
Neste caso, também se adota o IGP-M, cujo valor para o período está na Tabela 7.6. Como a data base está no dia 06, deve-se encontrar a taxa pro rata tempore para 25 dias restantes do mês de maio de 2017.

$$ie = (1 + i)^{1/n}$$

$$ie = (1,0093)^{25/31}$$

$$ie = 0,007493$$

Para os vinte e cinco dias do mês de maio o índice de preços equivalente é 0,7493%.

b) Calculando o Número Índice
A Tabela 7.6 apresenta o IGP-M e o respectivo número índice.

Período	IGP-M	IGP-M Acumulado	Número Índice
data base	06/05/2017	1,00000	54,65492
mai-17	0,749	1,00749	55,06446
jun-17	-0,670	1,00074	54,69553
jul-17	-0,720	0,99354	54,30172
ago-17	0,100	0,99453	54,35602
set-17	0,470	0,99921	54,61150
out-17	0,200	1,00120	54,72072
nov-17	0,520	1,00641	55,00527
dez-17	0,890	1,01537	55,49481
2018	7,550	1,09203	59,68467
2019	7,320	1,17196	64,05359
2020	23,140	1,44316	78,87559
2021	17,790	1,69989	92,90756
jan-22	1,820	1,73083	94,59848
fev-22	1,830	1,76251	96,32963
mar-22	1,740	1,79317	98,00576
abr-22	1,410	1,81846	99,38765
mai-22	0,520	1,82791	99,90446
jun-22	0,590	1,83870	100,49390
jul-22	0,210	1,84256	100,70493
ago-22	-0,700	1,82966	100,00000

Tabela 7.6 – IGP-M e número índice

c) Encontrando o Valor Indexado

$$\text{Valor Indexado} \quad = \quad \frac{\text{Valor Nominal}}{\text{N}^{\text{o}} \text{ Índice data base}} \quad \text{x 100}$$

$$\text{Valor Indexado} \quad = \quad \frac{\text{R\$1.000.000,00}}{54,65492} \quad \text{x 100}$$

$$\text{Valor Indexado} = \text{R\$1.829.661,45}$$

O valor indexado para a data focal de 31/08/2022 é R\$1.829.661,45, sendo este o valor atual do prêmio. Não sendo necessário ajuste monetário, pois não houve alteração no padrão monetário no período.

Problema 3: Qual o valor atual de R\$1.000,00 na data base de 01/07/94? Considere a data focal de 31/08/2022.
Solução

a) Definindo o Índice de Preços

Para este problema adota-se o IGP-DI. Note-se que o período é pós-Plano Real o que não requer ajuste monetário, além disso, o período não contempla períodos parciais como nos problemas anteriores, não necessitando o cálculo de taxas equivalentes.

b) Calculando o Número Índice

Os dados originais do IGP-DI, bem como o respectivo número índice encontram-se na Tabela 7.7.

c) Encontrando o Valor Indexado

$$\text{Valor Indexado} \quad = \quad \frac{\text{Valor Nominal}}{\text{N}^{\text{o}} \text{ Índice data base}} \quad \text{x 100}$$

$$\text{Valor Indexado} \quad = \quad \frac{\text{R\$1.000,00}}{6,6756} \quad \text{x 100}$$

$$\text{Valor Indexado} = \text{R\$14.379,92}$$

O valor indexado de R$1.000,00 no primeiro dia do Plano Real trazido a data presente equivale a R$14.379,92.

Período	IGP-DI	IGP-DI Acumulado	Número Índice
data base	01/07/1994	1,00000	6,6756
2º Semestre / 94	38,309	1,38309	9,2329
1995	14,770	1,58737	10,5966
1996	9,330	1,73547	11,5853
1997	7,480	1,86529	12,4519
1998	1,710	1,89718	12,6648
1999	19,990	2,27643	15,1965
2000	9,800	2,49952	16,6857
2001	10,400	2,75947	18,4210
2002	26,410	3,48825	23,2860
2003	7,660	3,75545	25,0697
2004	12,130	4,21098	28,1107
2005	1,230	4,26278	28,4565
2006	3,800	4,42476	29,5378
2007	7,900	4,77432	31,8713
2008	9,110	5,20926	34,7748
2009	-1,440	5,13425	34,2740
2010	11,310	5,71493	38,1504
2011	5,010	6,00125	40,0617
2012	8,110	6,48795	43,3108
2013	5,530	6,84673	45,7058
2014	3,780	7,10554	47,4335
2015	10,680	7,86441	52,4994
2016	7,150	8,42672	56,2531
2017	-0,420	8,39133	56,0169
2018	7,100	8,98711	59,9941
2019	7,680	9,67732	64,6016
2020	23,070	11,90988	79,5052
2021	17,740	14,02269	93,6094
jan-22	2,010	14,30455	95,4910
fev-22	1,500	14,51912	96,9233
mar-22	2,370	14,86322	99,2204
abr-22	0,410	14,92416	99,6272
mai-22	0,690	15,02713	100,3146
jun-22	0,620	15,12030	100,9366
jul-22	-0,380	15,06285	100,5530
ago-22	-0,550	14,98000	100,0000

Tabela 7.7 – IGP-DI e número índice: problema 3

Problema 4: Em 28 de outubro de 1975, Miron Vieira de Souza ganhou sozinho na Loteria Esportiva um prêmio de Cr\$22.268.209,00, na época o maior prêmio pago no mundo. Qual o valor indexado para a data focal de 31/08/2022?

Solução

a) Definindo o índice de preços

Neste caso se adota o IGP-DI dado período de referência ser dos anos 70. A inflação do mês de outubro de 1975 deve ser calculada pro rata para os dias 29 a 31 daquele mês.

$$ie \quad = \quad (1 + i)^{1/n}$$

$$ie \quad = \quad (1{,}0225)^{3/31}$$

$$ie = 0{,}2155$$

Para o período de 29 a 31 de outubro de 1975 o índice de preços equivalente é 0,2155%.

b) Calculando o número índice

O IGP-DI e o número índice empregado constam da Tabela 7.8.

c) Encontrando o valor indexado

$$\text{Valor Indexado} \quad = \quad \frac{\text{Valor Nominal}}{\text{Nº Índice data base}} \quad \times 100$$

$$\text{Valor Indexado} \quad = \quad \frac{\text{Cr\$22.268.209,00}}{0{,}8646} \quad \times 100$$

$$\text{Valor Indexado} = \text{R\$2.576.585.979,74}$$

d) Ajustes Monetários

Ao final deve-se aplicar o fator de ajuste monetário, haja vista as alterações no padrão monetário ocorridas ao longo de quase 50 anos. Neste caso o fator aplicado é 2.750.000.000.000. Com isto o valor indexado do prêmio é R\$0,00093.

Período	IGP-DI	IGP-DI Acumulado	Número Índice	Período	IGP-DI	IGP-DI Acumulado	Número Índice
Data Base	28/10/1975	1,00000	0,8643	2.001	10,400	113,90482	98,4425
29 e 31 /10/75	0,2156	1,00216	0,8661	2.002	26,410	114,16892	98,6708
Nov e Dez/1975	4,3769	1,04592	0,9039	2.003	7,660	114,24552	98,7370
1976	46,270	1,50862	1,3038	2.004	12,130	114,36682	98,8418
1977	38,790	1,89652	1,6391	2.005	1,230	114,37912	98,8524
1978	40,820	2,30472	1,9919	2.006	3,800	114,41712	98,8853
1979	77,240	3,07712	2,6594	2.007	7,900	114,49612	98,9536
1980	110,230	4,17942	3,6121	2.008	9,110	114,58722	99,0323
1981	95,200	5,13142	4,4348	2.009	-1,440	114,57282	99,0199
1982	99,730	6,12872	5,2968	2.010	11,310	114,68592	99,1176
1983	211,020	8,23892	7,1205	2.011	5,010	114,73602	99,1609
1984	223,810	10,47702	9,0548	2.012	8,110	114,81712	99,2310
1985	235,130	12,82832	11,0869	2.013	5,530	114,87242	99,2788
1986	65,040	13,47872	11,6490	2.014	3,780	114,91022	99,3115
1987	415,910	17,63782	15,2435	2.015	10,680	115,01702	99,4038
1988	1.037,530	28,01312	24,2104	2.016	7,150	115,08852	99,4655
1989	1.782,850	45,84162	39,6187	2.017	-0,420	115,08432	99,4619
1990	1.476,710	60,60872	52,3812	2.018	7,100	115,15532	99,5233
1991	480,230	65,41102	56,5316	2.019	7,680	115,23212	99,5897
1992	1.157,840	76,98942	66,5383	2.020	23,070	115,46282	99,7890
1993	2.708,390	104,07332	89,9456	2.021	17,740	115,64022	99,9424
1994	909,670	113,17002	97,8075	jan-22	2,010	115,66032	99,9597
1995	14,770	113,31772	97,9351	fev-22	1,500	115,67532	99,9727
1996	9,330	113,41102	98,0158	mar-22	2,370	115,69902	99,9932
1997	7,480	113,48582	98,0804	abr-22	0,410	115,70312	99,9967
1998	1,710	113,50292	98,0952	mai-22	0,690	115,71002	100,0027
1999	19,990	113,70282	98,2680	jun-22	0,620	115,71622	100,0080
2000	9,800	113,80082	98,3526	jul-22	-0,380	115,71242	100,0048
				ago-22	-0,550	115,70692	100,0000

Tabela 7.8 – IGP-DI e número índice: problema 4

7.6 Observações Adicionais

Confrontando os resultados dos problemas analisados observa-se que o valor indexado estima o valor nominal corrigido pela inflação entre o período de referência e o período focal, com isso o valor atual é maior que o valor original. A diferença refere-se à perda do potencial de compra causada pela inflação.

No problema 1, devido a inflação, para repor o poder de compra na data de referência, Da. Maria deveria corrigir o aluguem em 60,9%. No problema 2, o prêmio deveria ser atualmente de R$1,829 milhão aproximadamente. A título de curiosidade o prêmio de R$1 milhão valeria na estreia do programa R$546.592,00. Para encontrar esse valor basta fazer a operação inversa.

No caso do Sr. Miron se ele ao receber o prêmio deixasse em uma conta corrente, hoje teria menos de um centavo. Note-se que o valor indexado em relação ao valor nominal, neste caso, é 115,71 vezes maior. Todavia, como houve várias mudanças no padrão monetário e com isso dividindo o valor anterior por mil, o valor indexado perde sentido e ao trazer para o padrão monetário atual o valor presente passa a ser desprezível.

Questões para Revisão e Fixação

1 – Encontre o valor indexado, empregando o IGP-DI, para trazer à data focal do seu último aniversário os seguintes valores nominais:

Cr$1.000,00	de 1/1/86
CZ$1.000,00	de 1/1/89
Cr$1.000,00	de 1/1/91
CR$1.000,00	de 1/1/92
R$1.000,00	de 1/1/96

2 – Retorne ao Box 7.1 e descubra o valor do prêmio do programa 8 ou 800 em 31/12/2021? Empregue o IGP-DI.

3 – Qual o valor indexado do prêmio do programa Show do Milhão, para 25 de Janeiro de 2022? Adote a data focal das estreias do programa e o use o IGP-M.

4 - Qual o valor indexado para 31/08/2022 de Cr$10.000.000,00 na data base 31/08/1943?

5 - Quanto vale em 31/08/2022, CR$10.000,00 em 01/01/1995?

8 – MÉTODOS DE AVALIAÇÃO DE PROJETOS

Box 8.1 – Caso I-SOLDA

A Cia. I-SOLDA Equipamentos para Solda Eletrônica está estudando três projetos mutualmente excludente e com racionamento de capital no valor de R$ 15 milhões cada.

O **Projeto X** consiste em construir uma nova unidade em Ponta Grossa / PR com capacidade para 5.000 peças e modernizar as instalações atuais aumentando sua capacidade para 20.000 unidades.

O **Projeto Y** é a construção de duas unidades com capacidade de 12.500 peças /mês cada em Curralinho / PA e Xambioá / GO, descontinuando a unidade atual.

O **Projeto Z** refere-se à construção de uma nova unidade produtiva em Borá / SP com capacidade de 25.000 peças / ano.

Qual desses projetos deve ser empreendido?

Os métodos tradicionais para avaliação de desempenho são determinados em função da necessidade informacional. Uma coisa é avaliar a tomada de decisão passada o que requer a revisão do desempenho pretérito e outra é decidir sobre o impacto futuro de uma decisão no presente, o que exige especular com resultados que ainda irão se formar. Neste contexto, os métodos tradicionais estão divididos em dois conjuntos de técnicas.

O primeiro conjunto trata da análise dos demonstrativos financeiros, que contempla o desempenho passado das empresas, dentro destes estão a análise dos fluxos financeiros, as análises horizontal e vertical e a análise dos indicadores econômicos financeiros. A análise dos demonstrativos financeiros deve ser compreendida como a arte do estudo dos relatórios contábeis para compreensão da situação econômica e financeira da empresa e, a partir daí tomar decisões sobre o futuro da organização.

O segundo conjunto trata do cálculo do retorno de investimentos em termos de tempo, de valores monetários e de taxa de retorno. As técnicas envolvidas são empregadas no estudo de viabilidade de projetos de investimentos que realizam gastos de capital no presente e proporcionam resultados ao longo do tempo.

Com base nesta concepção emergem algumas especulações: quando e qual será o retorno?; qual a rentabilidade mínima?; o investimento deve ser feito ou haverá outra oportunidade de alocação mais rentável? As respostas para estas e outras especulações vêm com a aplicação dos métodos de avaliação de projetos.

Os métodos de avaliação de projetos são o objeto deste capítulo e dividem-se em dois subconjuntos:

a) Métodos Básicos, formado por Período de *Payback* Simples, Valor Atual Líquido e Taxa Interna de Retorno;

b) Métodos Avançados, composto pelo Período de *Payback* Descontado, Taxa Interna de Retorno Modificada, Índice de Lucratividade e Valor Presente Líquido Anualizado.

8.1 Elementos da Análise

Os elementos para avaliação da viabilidade de um projeto são: o Fluxo de Caixa Líquido (FCL) e a Taxa Mínima de Atratividade (TMA).

8.1.1 Fluxo de Caixa Líquido

O Fluxo de Caixa Líquido (FCL) descreve o resultado projetado para o projeto analisado, conforme o modelo exposto no Quadro 2.6, capítulo 2.

Para o Caso I-SOLDA (Box 8.1) o FCL projetado apresenta-se na Tabela 8.1.

Projeto	X	n0	n1	n2	n3	n4
FCO			7.500	4.500	4.500	2.000
Investimentos		15.000				
FCL		**-15.000**	**7.500**	**4.500**	**4.500**	**2.000**

Projeto	Y	n0	n1	n2	n3	n4
FCO			5.000	5.000	5.000	5.000
Investimentos		15.000				
FCL		**-15.000**	**5.000**	**5.000**	**5.000**	**5.000**

Projeto	Z	n0	n1	n2	n3	n4
FCO			3.500	4.500	5.600	7.000
Investimentos		15.000				
FCL		**-15.000**	**3.500**	**4.500**	**5.600**	**7.000**

Tabela 8.1 – FCL Caso I-SOLDA (Valores em R$1.000)

8.1.2 Taxa Mínima de Atratividade (TMA)

A Taxa Mínima de Atratividade (TMA) expressa em percentual o menor rendimento esperado para um investimento, dado um determinado nível de risco. Sua determinação deve considerar o prazo do investimento: longo e curto prazo.

Em investimentos de longo prazo pode-se determinar a TMA empregando os seguintes parâmetros:

a) Custo dos financiamentos de longo prazo;
b) Taxa de crescimento do patrimônio;
c) Expectativa de ganho dos acionistas.

$$i = \frac{(p + d)}{p_{t-1}} - 1$$

p   Preço da ação no momento atual

p_{t-1} Preço da ação no momento anterior

D   Dividendos

d) Remuneração de títulos do governo americano, neste caso se admite risco zero.

Em investimentos de curto e médio prazo adota-se como parâmetro de definição da TMA o custo de oportunidade do capital envolvido. Em outas palavras, a TMA assume o rendimento não ganho em outras aplicações. Em geral, adota-se a taxa de remuneração do CDB ou taxa de juros de financiamentos. Os projetos devem gerar resultados superiores ao custo de oportunidade.

É comum definir a TMA em função do custo do financiamento dos projetos. Nestes casos os resultados gerados devem ser superiores ao custo identificado.

A decisão sobre a viabilidade do projeto deve confrontar a TMA com a TIR, aceitando-se projetos cuja TIR seja maior ou igual à TMA.

Para o Caso I-SOLDA (Box 8.1) a TMA adotada é 10%.

8.2 Métodos Básicos

Os Métodos Básicos são aqueles, aplicados na análise de viabilidade de projetos, consagrados na literatura de Finanças, que abarcam o período de *payback* simples, o valor atual líquido e a taxa interna de retorno.

8.2.1 Período de Payback Simples (PPs)

O período de *payback* é o tempo entre o início do projeto e o momento em que o fluxo de caixa líquido acumulado se torna positivo, ou seja, prazo para o retorno do investimento.

Em termos econômicos o período de *payback* reflete a liquidez de projeto, pois mostra o prazo para pagamento do investimento. O menor tempo para o retorno do capital investido indica que o projeto poderá dispor de maiores recursos em caixa. O que por sua vez demonstra um nível de risco menor. Assim, o projeto com menor *payback* deve ser aceito por apresentar risco reduzido.

Procedimentos para identificação do PPs:

a) acumular o FCL;

b) Contar o número de períodos com FCL < 0;

c) Dividir o FCL Acumulado do último ano < 0 pelo FCL do ano > 0;

d) multiplicar o resultado de "c" por 12 e identificar o número de meses.

Aplicando os procedimentos nos dados do Caso I-SOLDA tem-se o resultado na Tabela 8.2

	Projeto	X	Projeto	Y	Projeto	Z
	FCL	FCL Acum.	FCL	FCL Acum.	FCL	FCL Acum.
n0	-15.000	-15.000	-15.000	-15.000	-15.000	-15.000
n1	7.500	-7.500	5.000	-10.000	3.500	-11.500
n2	4.500	-3.000	5.000	-5.000	4.500	-7.000
n3	4.500		5.000	0	5.600	-1.400
n4	2.500		5.000		7.000	

Tabela 8.2 – Payback Simples Caso I-SOLDA

Projeto X: o retorno estimado é de 2 anos (n1 e n2) mais uma fração de n3 calculado pela proporção entre o saldo do capital a recuperar (3.000) e o FCL do ano seguinte (4.500), que equivale a 0,66, que multiplicado por 12 equivale a 8 meses. O PPs do Projeto X é de 2,66 anos que equivale a 2 anos e 8 meses.

Projeto Y: o retorno estimado é de 3 anos (n1, n2 e n3) logo o PPs do Projeto Y é de 3 anos.

Projeto Z: o retorno estimado é de 3 anos (n1, n2 e n3) mais uma fração de n4 calculado pela proporção entre o saldo do capital a recuperar (1.400) e o FCL do ano seguinte (7.000), que equivale a 0,2, que multiplicado por 12 resulta em 2,4 meses. O PPs do Projeto Z é de 3,2 anos equivalente a 3 anos e 2 meses.

Se a decisão entre os projetos se der exclusivamente pelo PPs, a escolha recaí sobre o Projeto X por ter o menor prazo de retorno e por conseguinte possuir o menor risco.

8.2.2 Valor Atual Líquido (VAL)

O Valor Atual Líquido (VAL) ou Valor Presente Líquido (VPL) ou *Net Present Value* (NPL) é a técnica que busca eliminar as implicações do tempo sobre os recursos gerados no futuro, permitindo uma comparação com o valor presente a ser investido.

Um empreendimento tem por objetivo gerar ganhos futuros maiores que os custos atuais manifestados no FCL. A técnica do VAL permite comparar os valores aplicados no presente com os ganhos projetados, de tal forma a avaliar a contribuição monetária líquida do empreendimento.

A identificação do VAL se dá por meio da equação 8.1. Destaca-se que i é a Taxa Mínima de Atratividade (TMA)

$$\text{equação 8.1} \quad VAL = \sum \frac{FCL}{(1 + i)^n}$$

Em termos econômicos o VAL avalia o retorno absoluto. Deve-se aceitar os projetos com VAL positivo. Ao se comparar dois ou mais projetos deve-se optar por aquele que tenha maior VAL, sendo esta a principal referência na determinação da viabilidade do projeto e na sua aceitação.

Retomando o Caso I-SOLDA, tem-se para o Projeto X

$$VAL = \frac{-15.000}{(1,1)^0} + \frac{7.500}{(1,1)^1} + \frac{4.500}{(1,1)^2} + \frac{4.500}{(1,1)^3} + \frac{2.500}{(1,1)^4}$$

$$VAL = -15.000 + 6.818,18 + 3.719,00 + 3.380,91 + 1.707,53$$

$$VAL = 625,64$$

O Projeto X possui VAL de \$625,64. Os Projetos Y e Z, respectivamente, possuem VAL de \$849,32 e \$889,28, calculados da mesma forma. Como todos os projetos têm VAL positivo, todos são aceitos. No entanto, considerando exclusivamente o VAL como parâmetro de decisão, o Projeto Z é que deve ser eleito por representar o maior retorno em termos absolutos.

8.2.3 Taxa Interna de Retorno (TIR)

A TIR é a taxa de juros que aplicada à equação 8.1 torna o VAL igual à zero. Desta forma evidencia a rentabilidade mínima do projeto, referindo-se à taxa de desconto que iguala o valor atual (VA) do FCL ao investimento inicial.

Existem quatro métodos para apurar a TIR:

1) tentativa e erro;

2) usar calculadora financeira;

3) construir uma planilha;

4) determinar a taxa por interpolação gráfica, para isto deve-se calcular vários VAL, para várias taxas e construir um gráfico determinando por aproximação a TIR correta.

No Caso I-SOLDA, calculando-se a TIR, com apoio de calculadora financeira encontra-se para o Projeto X 12,29%, para o Projeto Y 12,59% e para o Projeto Z 12,41%. Por este parâmetro todos os projetos podem ser aceitos, pois as TIR são superiores a TMA. Se a decisão sobre qual projeto escolher foi pela TIR, exclusivamente, o Projeto Y deve ser o escolhido, uma vez que o rendimento pago nesse projeto é maior que os demais.

8.2.4 Caso I-SOLDA: Tomada de Decisão

Como se pode observar nos itens anteriores cada instrumento aponta para um determinado projeto. Vide Tabela 8.3. Em rigor todos os projetos são viáveis e qualquer um deles pode ser escolhido, mas em um contexto em que apenas um deve ser contemplado, o Projeto Y é o mais indicado.

A justificativa para esta escolha deriva de uma análise marginal dos indicadores:

a) O PPs do Projeto Y é 12,7% maior do que Projeto X o que equivale a uma espera de 4 meses a mais para o retorno;

b) O VAL é 35% superior em relação ao projeto X;

c) Proporcionalmente o Projeto Y em relação ao Projeto X tem um retorno maior o que compensa o prazo de espera, descartando, por conseguinte o Projeto X;

d) A TIR do Projeto X é maior que os demais projetos;

e) O Projeto Z em relação ao Projeto Y tem um VAL 4,7% maior e o PPs 6,7% maior o que equivale a 2 meses a mais de espera. Proporcionalmente, espera-se mais do que se obtêm de acréscimo no retorno.

	Projeto X	Projeto Y	Projeto Z
PPs	2,66	3,0	3,2
VPL	625,64	849,32	889,28
TIR	12,29%	12,59%	12,41%

Tabela 8.3 – Caso I-SOLDA: Síntese dos Métodos Básicos

8.3 Métodos Avançados

Os métodos avançados se desenvolvem a partir das limitações percebidas nos métodos básicos para solucionar determinados problemas. São quatro os métodos avançados: Período de *Payback* Descontado, Taxa Interna de Retorno Modificada, Índice de Lucratividade e Valor Presente Líquido Anualizado.

8.3.1 Período de Payback Descontado (PPd)

O Período de *Payback* Descontado (PPd) tem a mesma abordagem conceitual do PPs. No entanto, este indicador acrescenta a estimativa do custo de capital no prazo de retorno.

A inclusão do custo de capital se dá por meio do cálculo do valor presente dos FCL antes de realizar os procedimentos para a identificação do PPs. Assim, os procedimentos para identificação do PPd são:

a) trazer a valor presente o FCL e

b) seguir as etapas do PP Simples (vide seção 8.2.1).

Ao trazer o FCL a valor presente o PPd está adicionado ao Investimento o custo de capital e apresentando o momento em que ocorre o ponto de equilíbrio financeiro do projeto. De outra forma, o PPd mostra quando será pago o principal mais os custos de financiamento.

No Caso I-SOLDA o PPd calculado está exposto na Tabela 8.4. Tomando apenas o PPd como referência, o Projeto X deve ser escolhido.

		Projeto	X		Projeto	Y		Projeto	Z
	FCL	FCL em no	FCL no Acum.	FCL	FCL em no	FCL no Acum.	FCL	FCL em no	FCL no Acum.
no	-15.000	-15.000	-15.000	-15.000	-15.000	-15.000	-15.000	-15.000	-15.000
n1	7.500	6.818	-8.182	5.000	4.545	-10.455	3.500	3.182	-11.818
n2	4.500	3.719	-4.463	5.000	4.132	-6.322	4.500	3.719	-8.099
n3	4.500	3.381	-1.082	5.000	3.757	-2.566	5.600	4.207	-3.892
n4	2.500	1.708	626	5.000	3.415	849	7.000	4.781	889
PPd			3,63			3,75			3,81

Tabela 8.4 – PPd Caso I-SOLDA

Deve-se destacar que o Período de *Payback* simples ou descontado não é o parâmetro principal de decisão de um projeto, mas um método auxiliar no processo decisório, uma vez que não analisa a rentabilidade e não considera todos os fluxos de caixa projetados, sendo recomendado para projetos de curto prazo ou sujeitos ao risco político.

8.3.2 Taxa Interna de Retorno Modificada (TIRm)

A Taxa Interna de Retorno Modificada (TIRm), conceitualmente, é a taxa de desconto que iguala o valor do investimento ao montante (S) dos fluxos de caixas gerados capitalizados pela TMA.

Na prática, consiste em capitalizar os fluxos de caixa líquidos (FCL) pela TMA até a última data do horizonte de projeção, formando, assim, o montante (S). Na sequência identifica-se a taxa que iguala I a S, conforme a equação 6.3. A Figura 8.1 sintetiza a visão conceitual da TIRm.

O cálculo da TIR pressupõe que os fluxos de caixa são reinvestidos pela própria TIR do projeto. A TIRm considera que os reinvestimentos do fluxo de caixa são remunerados pela TMA, indicando a verdadeira rentabilidade do projeto.

A TIRm surge como uma alternativa para solucionar os casos de projetos com fluxo de caixa não convencionais nos quais ocorre a inversão de sinal mais de uma vez e que por conseguinte apresenta TIR múltiplas.

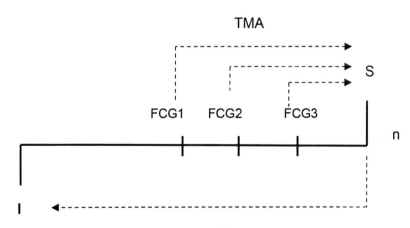

Figura 8.1 – Modelo da TIRm

O fluxo de caixa convencional possui saídas no início do período e entradas ao final. Sua avaliação se dá pelos métodos básicos e gera apenas uma TIR. Nas situações em que aparecem múltiplas TIR recomenda-se a aplicação da TIRm.

Calculando-se a TIRm para o Caso I-SOLDA para o Projeto X.

a) Estruturar o diagrama do fluxo de caixa

$$n1 = 7.500 \mid n2 = 4.500 \mid n3 = 4.500 \mid n4 = 2.500$$
$$n0 = -15.000 \mid \qquad S = X$$
$$i = 10\% \text{ a.a.}$$

O objetivo é encontrar S em n4. A Tabela 8.5 apresenta os valores de S para os três projetos.

	Projeto X	Projeto Y	Projeto Z
n0	-15.000,00	-15.000,00	-15.000,00
n1	9.982,50	6.655,00	4.658,50
n2	5.445,00	6.050,00	5.445,00
n3	4.960,00	4.950,00	6.150,00
n4	2.500,00	5.000,00	7.000,00
S	**22.877,50**	**3.205,00**	**23.263,50**

Tabela 8.5 – Caso I-SOLDA S dos Projetos

b) Aplicar a equação 6.3

$$I \quad = \quad [^{n}\sqrt{(Cf / Co)} - 1]$$

$$i \quad = \quad [^{4}\sqrt{(23.263,50 / 15.000)} - 1]$$

$$i \quad = \quad 11,1294\%$$

O Projeto Y possui TIRm de 11,5250% e o Projeto Z 11,5953%. Pela perspectiva do TIRm, o Projeto Z deve ser implementado.

8.3.3 Índice de Lucratividade (IL)

No universo dos tipos de projetos existem duas modalidades: os independentes e os mutuamente excludentes.

Os projetos mutuamente excludentes surgem quando há vários projetos concorrendo por um mesmo capital e a escolha de um deles elimina / exclui a implantação dos demais. Neste caso não são aceitos todos os projetos em conjunto. Para tanto, empregam-se os métodos básicos.

Os projetos independentes são analisados pelo *payback*, VAL e TIR, conduzindo à condição de: Aceita-se / Rejeita-se. Em rigor, todos os projetos podem ser aceitos ou rejeitados, mas não há uma escolha entre eles. Para que isto ocorra emprega-se o Índice de Lucratividade (IL).

O Índice de Lucratividade (IL) estabelece a relação entre o valor atual dos FCL com o valor do investimento, dada determinada TMA. O resultado deste indicador demonstra o quanto o projeto gera para cada R$ 1,00 investido, sendo que projetos com IL menores que 1 devem ser rejeitados. A equação 8.2 permite encontrar o IL.

$$\text{equação 8.2} \quad IL = \frac{VA}{Co}$$

O IL se aplica na hierarquização de projetos em situações de escassez de capital para financiá-los. No entanto, deve-se tomar alguns cuidados para não incorrer em decisão errada.

Em primeiro lugar, estabelecer patamares dos níveis de investimentos, para não comparar projetos de grande porte com os de pequeno porte. Em segundo lugar priorizar investimentos de grande porte frente ao de pequeno porte, mesmo que estes tenham IL maior.

O cálculo do IL para o Caso Isolda encontra-se na Tabela 8.6.

	Projeto X	Projeto Y	Projeto Y
VA	15.625,64	15.849,33	15.889,28
Investimento	15.000,00	15.000,00	15.000,00
IL	1,0417	1,0566	1,0593

Tabela 8.6 – IL do Caso Isolda

O Caso I-SOLDA pressupõe a escolha de um deles e a rejeição dos demais e não a hierarquização dos projetos. Se fosse para hierarquizar a ordem seria Y, Z e X, conforme o IL, uma vez que o índice é maior que 1 em todos os casos. Como é para eleger um deles o IL aponta para o Projeto Y.

8.3.4 Valor Presente Líquido Anualizado (VPLa)

Valor presente líquido anualizado (GITMAN, 1997), método do custo (NEVES, 1982), método da anuidade anual equivalente – AAE (BRIGHAM e HOUSTON, 1999), fluxo de caixa da anuidade ou fluxo de caixa constante equivalente (HAWAWINI e VIALLET, 2009) ou valor uniforme líquido (HIRSCHFELD, 2010 e BRUNI, 2018) são denominações de um mesmo método para avaliação de projetos que transforma o VAL em parcelas anuais constantes (anuidade). Neste texto adota-se a nomenclatura de valor presente líquido anualizado (VPLa) que segundo Gitman (2010) traz maior clareza na descrição conceitual.

É interessante destacar que e a origem do instrumento está associada a denominação método de custo, que por sua vez deriva da aplicação inicial para apoiar decisões de compras de equipamento com base no menor custo, uma vez que permite confrontar várias opções (NEVES, 1982).

As demais denominações citadas vinculam o método do VPLa a comparação de projetos com horizontes temporais distintos. Para tanto, emprega-se a equação 8.3 e a aceitação recaí naquele com maior parcela.

$$\text{equação 8.3} \quad VPLa \quad = \quad \frac{VAL}{a_{n,i}}$$

O resultado encontrado deve privilegiar o maior VPLa em caso de projetos e o menor em caso de análise de custos.

Aplicando-se o modelo no Caso I-SOLDA tem-se os VPLa para os três projetos apresentados na Tabela 8.7. Destaque que a $a_{n,i} = 3,1699$, identificado com auxílio da Tabela Financeira.

	Projeto X	Projeto Y	Projeto Z
VAL	625,64	849,33	889,28
VPLa	197,37	267,94	280,54

Tabela 8.7 – Caso I-SOLDA: VPLa

Empregando o VPLa como parâmetro para decisão tem-se no Projeto Z o mais aceitável pois o valor anualizado é o maior dentre os três.

8.3.5 Caso I-SOLDA: Tomada de Decisão

A análise do Caso I-SOLDA pelos métodos básicos apontou para o Projeto Y como o mais viável. No entanto, ao inserir os métodos avançados os melhores resultados convergiram para o Projeto Z, especialmente pelo fato desses métodos transferirem o foco para o final do horizonte de projeção, como é o caso da TIRm. Além disso, o Projeto Z possui FCL mais elevados ao final do período de projeção.

Os resultados encontram-se sintetizados na Tabela 8.8.

	Projeto X	Projeto Y	Projeto Z
PPs	2,66	3,0	3,2
VPL	625,64	849,32	889,28
TIR	12,29%	12,59%	12,41%
PPd	3,63	3,75	3,81
TIRm	11,12%	11,52%	11,59%
IL	1,0417	1,0566	1,0593
VPLa	197,37	267,94	280,54

Tabela 8.8 – Caso I-SOLDA: Síntese dos Resultados

8.4 Quadro Síntese

Método	Questão Básica	Enfoque Econômico	Parâmetro para tomada de decisão
Payback Simples	Quando ocorrerá o retorno do investimento?	- reflete a liquidez operacional do projeto; - quanto mais líquido menor o risco	Projetos com menores PPs devem ser aceitos. Quanto menor o período de *payback*, maior a liquidez, logo menor o risco.
Payback Descontado	Quando ocorrerá o retorno do investimento e do custo do capital?	- reflete a liquidez financeira - Considera o impacto do tempo no fluxo de caixa	Idem ao *payback* simples
VAL	Qual o retorno em termos absolutos?	- indica o retorno esperado em termos monetários, ou o lucro econômico	Se o VAL for positivo o projeto deve ser aceito e aprova-se o projeto com maior VAL
TIR	Qual será o retorno em termos relativos?	- reflete a rentabilidade do projeto	Dentre um conjunto de projetos, aceita-se o que tiver maior TIR, desde que maior que a TMA.
TIRm	Qual será o retorno em termos relativos, considerando o custo do capital?	- verdadeira rentabilidade do projeto	A TIRm deve ser maior que a TMA e aceita-se o projeto com maior TIRm.
IL	Qual a hierarquia dos projetos?	- elenca projetos por ordem de retorno, quando há racionamento de capital.	Dentro de um conjunto de projetos, o ordena-se do maior IL para os menores. Somente projetos com IL maior que 1, devem ser aceitos.
VPLa	Qual o valor anualizado do VAL de um projeto?	- comparam-se projetos com horizontes temporais distintos	Deve-se aceitar o projeto com maior VPLa.

Questões de Fixação e Revisão

1 – Calcule o período de *payback* simples e *payback* descontado supondo TMA de 8,5%?

Período	0	1	2	3	4
FCL	-3.000	1.000	800	900	1.200

2 - Um investimento gera um FCL de $850 anual por sete anos. Qual o período de *payback* simples se o investimento for de $2.500, 5.000 e 7.500? Considerando um custo de oportunidade de 10% qual o *payback* descontado?

3 - Na **Padaria Rosca Queimada** exige-se um *payback* máximo de 2,5 anos e TMA de 12% em seus projetos de investimentos. O parâmetro de decisão é o *payback*.
No caso dos dois projetos seguintes, qual deve ser aceito?

Período	0	1	2	3	4
Projeto 1	-25.000	15.000	9.000	3.000	3.000
Projeto 2	-20.000	7.000	7.000	6.000	200.000

4 - Um projeto que gera fundos de caixa anuais de $400 ao longo de sete anos custa $1.500 hoje. Esse é um projeto que vale a pena quando a taxa exigida de retorno é de 6%? E se for 22%? A que taxa você ficaria indiferente em relação ao projeto?

5 - **A Fabrique National des Produits Pour Derriére** está considerando dois planos de expansão mutuamente excludentes, para um período de cinco anos.

O plano A consiste na construção de 3 instalações no valor de R$13,5 milhões cada, intensivas em tecnologia. O Fluxo de Caixa projetado para cada unidade encontra-se na Tabela 1.

Tabela 1 – Fluxo de caixa para cada unidade do Plano A (em R$ milhões)

Tempo	Unidade 1	Unidade 2	Unidade 3
1	6,0	6,4	6,4
2	6,0	7,0	6,4
3	8,0	7,0	6,4
4	8,0	8,0	6,4
5	8,5	8,5	6,4

O plano B consiste na construção de 4 instalações intensivas em mão de obra no valor de R$5 milhões cada, projetando-se um fluxo de caixa apresentado na Tabela 2.

Tabela 2 – Fluxo de caixa para cada unidade do Plano B (em R$ milhões)

Tempo	Unidade 1	Unidade 2	Unidade 3	Unidade 4
1	2,72	1,5	2,0	1,5
2	2,72	2,0	2,0	1,5
3	2,72	2,5	2,5	2,0
4	2,72	2,5	2,5	2,7
5	2,72	2,5	2,7	2,7

a) Avalie qual projeto deve ser escolhido considerando-se um TMA de 12,5%.
b) Avalie qual projeto deve ser escolhido pelas óticas dos métodos básico e avançado.
c) Explique a ordem em que a implantação das unidades deve ocorrer.

6 - A **Levando Ferro Distribuidora de Produtos Siderúrgicos** está considerando adquirir dois equipamentos: um caminhão e uma ponte rolante. No orçamento de capital deste ano. Os projetos são independentes o investimento é de $17.100 para o caminhão e de $22.430 para a ponte. O custo de capital é de 14%. O fundo de caixa

líquido é o seguinte:

Período	1	2	3	4	5	6
Caminhão	5.100	5.100	5.100	5.100	5.100	5.100
Ponte Rolante	7.500	7.500	7.500	7.500	7.500	7.500

Calcule o *payback* simples, VAL e TIR para cada projeto e analise a aceitação ou rejeição de cada projeto.

Calcule o *payback* descontado, método do custo, TIRm e o índice de lucratividade e analise a aceitação ou rejeição de cada projeto.

7 - **Osmar Miteiro** avalia todos os seus projetos por meio da TIRm, considerando TMA de 11%, a empresa deve aceitar o projeto a seguir?

Período	0	1	2	3
FCL	-30.000	25.000	0	10.000

Se a TMA for 10% e considerando VAL como parâmetro de decisão, o projeto deve ser aceito?

Se a taxa for de 14%?

Por que há diferença entre os resultados?

8 – Considerando o FCL a seguir:

período	0	1	2	3
FCL	-1.300	400	300	1.200

a) Calcule e analise a viabilidade do projeto pela TIR e pela TIRm;
b) Qual o VAL considerando uma taxa de retorno mínima de 0%? 10%, 20% e 30%?
c) O que significa um retorno mínimo de 0%?
d) Avalie o projeto pelo método de custo.

9 - A **Chamber Pots From Ethelwine Co.** e a **COMPA-NHIA BRASILEIRA DE PENICOS – CBP** estudam a constituição de uma *joint venture* para fabricar e vender o mais novo e revolucionário produto: o Penico Descar-

tável e Biodegradável. A Chamber Pots participaria com a tecnologia no valor de $20 milhões. A CBP seria responsável pela produção e vendas, com valor de $5 milhões. Os recursos seriam aplicados totalmente no início do projeto, espera-se fundo de caixa de $12,5 por ano durante 4 anos. A distribuição dos resultados está a seguir.

Período	1	2	3	4
Chamber Pots	7,5	8	9	9,5
CBP	5	4,5	3,5	3

a) O projeto deve ser implementado considerando um custo de oportunidade de 15%?

b) Analise o resultado obtido por cada empresa.

Considere os métodos básico e avançado com e ser perpetuidade.

10 – A **F. Cássia Holding** está avaliando dois projetos. O capital necessário é de $25 milhões, com TMA de 11,5%. Os fluxos de caixa líquidos pelos projetos são:

Projeto	1	2	3	4
A	5	10	15	20
B	20	10	8	6

a) Qual o *payback* simples de cada projeto?

b) Qual o *payback* descontado de cada projeto?

c) Qual a TIR de cada projeto?

d) Qual o índice de lucratividade?

e) Qual a TIRm de cada projeto?

f) Qual projeto deve ser implementado?

11 - O **Bar Canal** está avaliando três possibilidades para um investimento.

A primeira opção é comprar um imóvel por R$500.000,00 e realizar gastos com instalações e outras adequações no valor de R$250.000,00.

A segunda opção é alugar um imóvel por R$12.000,00 mensais e fazer gastos de R$250.000,00 com instalações e outras adequações. Ao final do contrato gastar mais R$100.000,00 para restabelecer o estado original do imóvel. Além disso, deve-se fazer um depósito de R$36 mil (3 alugueis).

A terceira opção é adquirir um terreno por R$250.000,00, fazer obras no valor de R$450.000,00, incluindo as instalações e outras adequações e outras adequações. O prazo estimado para conclusão da obra é um ano.

O Fluxo de Caixa Líquido é o valor do aluguel mensal. No caso da opção 2 o fluxo de caixa é o ganho com imposto de renda, considerando uma alíquota de 40%. Há ainda depreciação de 10% das instalações e 4% das edificações.

Qual deve ser a opção escolhida? Por quê?

12 - A **Indústria de Bobes Marley** está considerando os dois projetos mutuamente excludentes, conforme expostos.

Período	0	1	2	3	4
Projeto 1	-175.000	30.000	35.000	35.000	200.000
Projeto 2	-200.000	50.000	50.000	80.000	140.000

a) Que projeto você escolheria, caso exigisse um retorno de 15% e

b) se aplicasse o critério do período do *payback* simples? Por quê?

c) se aplicasse o critério do VAL? Por quê?

d) se aplicasse o critério da TIR? Por quê?

e) considerando as respostas anteriores responda: qual projeto você escolheria? Por quê?

f) se aplicasse o critério do período do *payback* descontado? Por quê?

g) se aplicasse o critério da TIRm? Por quê?

h) se aplicasse o critério do índice de lucratividade? Por quê?

i) se aplicasse o VPLa?

j) considerando as respostas anteriores responda: qual projeto você escolheria? Por quê?

13 - O **Tássia Xandu Holding** tem dois projetos mutuamente excludentes para decidir sobre o investimento.

Período	0	1	2	3	4
Projeto 1	-12.500	4.000	5.000	6.000	1.000
Projeto 2	-12.500	1.000	6.000	5.000	4.000

a) qual a TIR de ambos os projetos? Se a decisão considerar a TIR qual deve ser aceito?

b) se o retorno mínimo for 11%, qual o VAL e qual projeto deve ser aceito?

c) qual o *payback* simples e descontado (com uma taxa de 11%)? Considerando o *payback* como parâmetro de decisão qual o projeto deve ser escolhido?

d) considerando a TIRm de cada projeto, qual deve ser escolhido?

e) qual o índice de lucratividade?

f) qual o VPLa de cada projeto?

9 — CASOS ESPECIAIS DE AVALIAÇÃO DE PROJETOS

Box 9.1 – Questões existenciais de um projeto

Projeto, por definição, consiste em um esforço temporário empreendido para criar um resultado único. Em outras palavras um projeto se desenvolve dentro de um período de tempo estabelecido e gera um resultado exclusivo. Não se vai encontrar um projeto que crie dois resultados e muito menos que fique se desenvolvendo até o fim dos tempos.

Um projeto pode partir do zero absoluto, como na criação de uma empresa. Mas também pode ser derivado da atividade empresarial já existente. Melhoria do processo, lançamento de um novo produto, mudanças organizacionais, exploração de um novo mercado, substituição de equipamentos depreciados, desenvolvimento ou compra de nova tecnologia, são exemplos de possíveis projetos que surgem devido à existência de uma atividade anterior.

Em todos os casos o processo financeiro do projeto envolve: a definição do valor a ser investido e a estimativa do retorno esperado para com isto analisar-se a sua viabilidade. A partir daí surgem as questões existenciais de qualquer projeto:

- existem fundos disponíveis para financiar?

- será necessário mais de um aporte ao longo do tempo?

- haverá geração de caixa adicional a existente?

- se são vários projetos, os prazos e o tamanho são idênticos?

- e a mais importante: existe vida após o projeto?

As respostas à estas questões moldam a montagem do Fluxo de Caixa Líquido (FCL) e a sua avaliação.

No capítulo 8 foram apresentados os métodos básicos e avançados de avaliação de projetos. Tomou-se como exemplo, o caso de implantação de um projeto simples, mutuamente excludente, com racionamento de capital e dentro de um horizonte temporal uniforme.

| 159

No entanto, os projetos não possuem sempre esta configuração. Há projetos que se desenvolvem em organizações em funcionamento; há projetos que competem pelo mesmo capital ou que não possuem restrição orçamentária; há projetos que ocorrem em bases temporais e portes distintos; há projetos complexos que possuem mais de uma entrada de capitais ou ainda aqueles que contemplam o prazo pós-projeto.

O objetivo do presente capítulo é analisar esses casos.

9.1 Fluxo de Caixa Incremental

O fluxo de caixa incremental surge pela diferença entre o fluxo de caixa projetado com o projeto e o fluxo de caixa projetado sem o projeto. Esquematicamente tem-se:

FC Incremental = FC c/ projeto - FC s/ projeto

Esta concepção se desenvolve quando a empresa está em operação e é proposto um novo projeto. Por exemplo: a substituição ou acréscimo de um equipamento, o lançamento de um novo produto, troca da produção própria por terceirizada, readequação do quadro de funcionários, treinamento, desenvolvimento ou aquisição de novas tecnologias, entre outros.

Por estar em operação há um fluxo de caixa projetado em fase de realização nas condições atuais. No entanto, o novo projeto irá alterar a projeção do fluxo de caixa. Esta nova situação em relação a anterior causa um incremento no fluxo de caixa que será objeto de análise em relação ao investimento proposto.

Para ilustrar tome-se o caso da **Patatas Potatoes Processadora de Batatas** que tem projetado para os próximos 6 anos o seguinte FCL:

	n_0	n_1	n_2	n_3	n_4	n_5
FCL Atual	5.000,00	5.500,00	6.000,00	6.500,00	7.000,00	7.000,00

Para aumentar a produtividade está sendo avaliada a implantação de novos equipamentos, cujo impacto no FCC é estimado da seguinte forma:

	n_0	n_1	n_2	n_3	n_4	n_5
FCL c Inv.	-15.000,00	8.000,00	8.000,00	10.000,00	12.000,00	13.000,00

160 |

Neste caso deve-se avaliar a viabilidade do projeto partir do fluxo de caixa incremental, considerando uma TMA de 15%. Solução:

a) Calcular o fluxo de caixa líquido incremental

	n0	n1	n2	n3	n4	n5
FCL Atual	5.000,00	5.500,00	6.000,00	6.500,00	7.000,00	7.000,00
FCL c/ Inv.	-15.000,00	8.000,00	8.000,00	10.000,00	12.000,00	13.000,00
FCL Incremental	-10.000,00	2.500,00	2.000,00	3.500,00	5.000,00	6.000,00

O FCL incremental é obtido pela diferença entre o FCL com o investimento menos o FCL atual.

b) Calcular a viabilidade pelos métodos básico e avançado

PPs	VAL	TIR	PPd	TIRm	VPLa	IL
3.66 anos	1.829,33	21,21%	4,6 anos	18,93%	545,71	1,18

A análise do FCL incremental demonstra que o projeto proposto é viável: VAL positivo, TIR e TIRm maiores que a TMA, VPLa positivo e IL superior a 1.

9.2 Restrição Orçamentária e Projetos

A restrição orçamentária descreve o limite financeiro para o investimento. Neste cenário a empresa possui vários projetos, mas não possui capital para a realização de todos.

Como há racionamento de capital deve-se eleger aquele ou aqueles cuja realização é mais viável. Para tanto se emprega os métodos básicos, especialmente o VAL, como ferramentas de apoio à tomada de decisão.

No extremo oposto tem-se o cenário em que não há restrição orçamentária e os fundos disponíveis permitem a implementação de todos os projetos aceitos, supondo que não sejam contingentes. Para este caso emprega-se o IL como ferramenta de hierarquização das inversões.

Dentro destes cenários os projetos podem se apresentar com horizontes de projeção homogêneos e portes equivalentes, como o caso I-SOLDA apreciado no capítulo 8. Alternativa são projetos com prazos e portes distintos, que são objetos das seções 9.3 e 9.4.

9.3 Projetos com Prazos Diferentes

Projetos com prazos diferentes, vidas ou durações desiguais são títulos para situações em que o horizonte de projeção entre dois ou mais projetos possuem períodos distintos.

Em um cenário que não há restrição orçamentária ou que os projetos analisados são independentes não há problema. Basta avaliar a viabilidade e a aceitação destes por meio dos métodos básicos.

O problema dos prazos distintos entre projetos se manifesta quando estes são mutuamente excludentes e geram benefícios variados. Nestas circunstâncias o uso do VAL como parâmetro se mostra inadequado, pois o retorno estimado ocorre em bases temporais diferentes.

A solução deste problema se dá pela aplicação do VPLa (vide Capítulo 8). Primeiro calcula-se o VAL dos projetos analisados e em seguida encontra-se o VPLa com base na equação 8.3.

Com vistas a ilustrar esta seção, tome-se o caso da **Transportadora Passos Dias Aguiar** que possui dois projetos. O primeiro é a construção de três centros de distribuição de carga cujo horizonte de projeção são 3 anos. O segundo a implantação de um sistema de GPS para toda a frota com um centro de monitoração de cargas, cujo prazo de projeção são 5 anos. Em ambos os casos o investimento é de R\$1.000.000,00 e a TMA sendo os projetos mutuamente excludentes.

	n0	n1	n2	n3
Construção	-1.000.000	410.000	420.000	440.000
Pps	2,38	**VAL**	14.076,17	
TIR	12,81%	**IL**	1,028	

Tabela 9.1 – FCL e indicadores para construção de centros de distribuição

	n0	n1	n2	n3	n4	n5
Sistema de GPS	-1.000.000	330.000	300.000	280.000	250.000	220.000
Pps	3,36			VAL	16.812,92	
TIR	12,73%			IL	1,017	

Tabela 9.2 – FCL e indicadores para Sistema de GPS

A análise dos indicadores dos projetos aponta para a aceitação de ambos, mas como são mutuamente excludentes, o VAL do projeto de implantação do sistema de GPS conduz a escolha deste. No entanto, são projetos com horizontes distintos logo a análise e a interpretação encontram-se em bases temporais diferentes: 3 anos no primeiro e 5 no segundo.

Empregando o VPLa tem-se na construção de centros de distribuição:

$$VPLa = \frac{14.076,17}{a_{3,12\%}} = \frac{14.076,17}{2,4018} = 5.860,67$$

Encontrando o VPLa para a implantação do sistema de GPS:

$$VPLa = \frac{16.812,92}{a_{5,12\%}} = \frac{16.812,92}{3,6048} = 4.664,04$$

Os resultados do VPLa indicam que a construção dos centros de distribuição deve ser implementada por gerar uma anuidade maior se comparada com o projeto alternativo.

9.4 Projetos com Portes Diferentes

O problema de projetos com portes ou tamanhos diferentes está na disponibilidade de capital para empreender todos eles.

Se o capital necessário for levantado na sua totalidade ou os projetos não forem mutualmente excludentes o problema não se manifesta porque, dada a aceitação dos projetos, todos podem ser implementados.

No entanto, em um contexto de limitação de fundos com a existência de projetos mutuamente excludentes é necessário criar parâmetros para escolher. O parâmetro neste caso é o IL – índice de lucratividade.

Tomando como exemplo ilustrativo o caso **Grupo Armando Rolo** que estuda um investimento em três projetos, cujo valor total é de R$92 milhões, conforme Tabela 9.3. A empresa tem disponível apenas R$50 milhões para implementar os projetos. Logo deve escolher qual / quais serão implementados.

As opções neste caso são: empreender somente o projeto Xingu gastando o total disponível; desenvolver um dos dois projetos remanescentes e implementar os projetos Urupê e Kashinawa conjuntamente.

Projetos	Xingu	Urupê	Kashinawá
n0	-50.000,00	-15.000,00	-27.000,00
n1	15.000,00	5.000,00	8.500,00
n2	15.000,00	5.000,00	8.500,00
n3	15.000,00	5.000,00	8.500,00
n4	15.000,00	5.000,00	8.500,00
n5	15.000,00	5.000,00	8.500,00
PPs	3,33	3,33	3,33
VAL	2.758,47	2.586,16	2.896,47
TIR	15,2%	19,9%	17,3%

Tabela 9.3 – Projetos de Investimento Grupo Armando Rolo (Valores em R$ milhões)

A solução para este caso começa com o cálculo do IL, conforme Tabela 9.4.

Projetos	Xingu	Urupê	Kashinawá	Urupê-Kashinawá
IL	1,06	1,13	1,10	1,18

Tabela 9.4 – Projetos de Investimento Grupo Armando Rolo: IL

Hierarquizando os projetos têm-se: Urupê-Kashinawá (conjunto), Urupê, Kashinawá e Xingu. A decisão, neste caso, recaí sobre a implementação dos projetos Urupê e Kashinawá conjuntamente. A justificativa vem do IL que indica que para cada R$1,00 investido gera retorno de R$1,18. Além disso, o capital disponível pode ser investido e ainda restar no caixa R$8 milhões, pois é o fundo disponível é mais que necessário para os investimentos.

9.5 TIR Múltiplas

A situação na qual aparecem TIR múltiplas para um projeto está associada a existência de fluxo de caixa não convencional, nos quais as entradas e as saídas de caixa estão embaralhadas e com isso há mais de uma inversão de sinais no fluxo de caixa. O problema decorrente é o conflito analítico causado pela geração de duas TIR.

Neste contexto aplica-se a TIRm, conforme o exemplo da **Aquina Faca Cutelaria** que avalia a locação de um galpão por dez anos. A empresa faria um investimento inicial com equipamentos da operação mais a adequação física do prédio e adota a TMA de 13%. Ao final do contrato, no 11º ano, haveria gastos para recuperar a situação inicial do imóvel. O FLC projetado e atualizado para n11 encontra-se na Tabela 9.6.

	FCl projetado	FCL em n11
n0	- 2.000	
n1	600	2.036,74
n2	600	1.802,43
n3	600	1.595,07
n4	600	1.411,56
n5	600	1.249,17
n6	600	1.105,46
n7	600	978,28
n8	600	865,74
n9	600	766,14
n10	600	678,00
n11	-1.000	-1.000,00
VAL	880,57	
S		11.488,59

Tabela 9.5 – FCL: Aquina Faca Cutelaria

Calculando-se a TIRm a partir do valor S pela equação 6.3.

$$i = [^n\sqrt{(Cf / Co)} - 1]$$

$$i = [^{11}\sqrt{(11.488,59 / 2.000)} - 1]$$

$$i = 17,22\%$$

O projeto de locação do galpão por dez anos possui uma taxa de retorno modificada (TIRm) de 17,22%, superior a TMA de 13%.

9.6 Pós-Projeto

Os projetos são avaliados dentro de um horizonte temporal estabelecido que formam o período de projeção. Por exemplo, no Caso I-SOLDA (capítulo 8) o horizonte temporal é de cinco anos. No primeiro ano ocorre o investimento e nos quatro anos posteriores os retornos de caixa.

No entanto, a vida não acaba com o fim do período de projeção. A empresa continua a existir, a produzir e a gerar resultados conforme preconiza o Princípio Contábil da Continuidade[14]. Em caso de descontinuidade os ativos envolvidos no projeto podem ser liquidados.

Em ambas as situações há a geração de caixa estimada para o projeto por meio do valor residual e da perpetuidade.

9.6.1 Valor Residual (VR)

O Valor Residual (VR) é "o valor esperado de um ativo depreciável ao fim de sua vida útil" (GITMAN, 1987, p. 781). No contexto de um projeto de investimento, o VR surge após o horizonte de projeção considerando que haja sua liquidação.

A estimativa do VR se dá conforme o modelo exposto no Quadro 9.1, cujo resultado é somado ao FCL no primeiro ano após o período de projeção.

Quadro 9.1 Estrutura de Cálculo do Valor Residual

Valor de Mercado do Ativo
(-) Valor Contábil do Ativo
Investimento
(-) Depreciação Acumulada
(=) Ganho ou Perda com o Ativo
(-) Imposto de Renda
(=) Valor Residual

---

[14] O Princípio da Continuidade pressupõe que a empesa é um organismo vivo, em continuidade, e que assim continuará por prazo indeterminado (MARION, 2015).

Retomando o exemplo do Caso I-SOLDA, exposto no capítulo precedente, e adotando-se os seguintes parâmetros: taxa de depreciação 15% a.a.; valor de mercado $8.000; alíquota do imposto de renda 30%, apresenta-se na Tabela 9.6 o valor residual para os projetos.

Valor de Mercado	**8.000**
(-) Valor Contábil	**(-) 6.000**
Investimento	15.000
(-) Depreciação Acumulada	(-) 9.000
(=) Ganho com Ativo	**2.000**
(-) Imposto de Renda	(-) 600
(=) Valor Residual	**1.400**

Tabela 9.6 – Caso I-SOLDA: valor residual dos projetos

No exemplo o VR é $1.400 a ser inserido nos FCL o período n5. Vide o Diagrama do Fluxo de Caixa.

	7.500	4.500	4.500	2.500	1.400
	n1	n2	n3	n4	n5

n0
-15.000   i = 10% a.a.

Trazendo a valor presente tem-se como VAL para o Projeto X $1.495; para o Projeto Y 1.719 e para o Projeto Z $1.759. A partir da inserção do VR no FCL a avaliação do investimento deve ser refeita.

9.6.2 Perpetuidade

A perpetuidade, segundo Brigham e Houston (1999, p. 219), é uma anuidade que perdura por prazo indefinido. A anuidade, por sua vez, é o pagamento / recebimento realizado em intervalo de tempo fixo (BRIGHAM e EHRHARDT, 2016, p. 130).

Mathias e Gomes (2016) apresentam a taxonomia das anuidades. Segundo os autores há 12 tipos de anuidades, dentre as quais se apresenta a perpetuidade como uma anuidade certa ou determinística, pois a duração e os pagamentos são predeterminados; periódicas, uma vez que os períodos são iguais e perpétuas porque tem duração ilimitada. Pode-se inferir, então, que uma perpetuidade é um tipo de anuidade, cuja remuneração do capital, tem duração infinita.

A origem da perpetuidade, segundo Brigham e Houston (1999, p. 220), remonta a 1815 quando o governo inglês lançou títulos, cujo objetivo era captar determinado valor para liquidar títulos lançados anteriormente para financiar guerras. O compromisso assumido com o novo título era realizar pagamentos de juros periódicos e constantes.

São exemplos de perpetuidade: ações preferenciais; hipotecas; alugueis, particularmente aqueles com contrato de longo prazo; resultados gerados por empresas, que é objeto deste capitulo.

a) Características da perpetuidade

Tomando por base os trabalhos de Brigham e Houston (1999), Rudge (2003), Ross, Westerfeld e Jordan (2008), Gitman (2010), Brigham e Ehrhardt (2016) pode-se elencar algumas características da perpetuidade:

a) condição de aplicação não resgatável;

b) não possui prazo de vencimento;

c) possui pagamento periódico (intervalo fixo) e constante de juros;

d) nunca deixa de fornecer o fluxo caixa;

e) tem número indefinido de fluxo de caixa;

f) não é possível calcular seu valor descontando cada fluxo de caixa.

b) Aplicação e Cálculo

Considerando as características apresentadas e o fato de que empresas não tem data para encerrar as suas atividades, deve-se considerar a perpetuidade como elemento a ser inserido na avaliação de empreendimentos.

Desta forma, os projetos de investimentos não se limitam ao tempo estabelecido para retorno do capital. Ao contrário, espera-se que continuem *ad infinitum* as suas atividades, o que deve ser considerado na avaliação do projeto.

O cálculo da perpetuidade se dá pela equação 9.1.

$$\text{equação 9.1} \quad Pe = \frac{FCLn}{I}$$

Onde:
Pe – Perpetuidade
FCL n – Fluxo de Caixa Líquido no último ano da projeção
i - TMA

Assim como o VR, a perpetuidade é inserida no primeiro período pós-horizonte de projeção e trazida a valor presente.

No Caso ISOLDA as perpetuidades dos Projetos e os VAL apresentam-se na Tabela 9.7, período n5. A partir da inserção da Pe no FCL a avaliação do investimento deve ser refeita.

Projeto	X	Projeto	Y	Projeto	Z
Pe	VAL	Pe	VAL	Pe	VAL
25.000	16.149	50.000	31.895	70.000	44.354

Tabela 9.7 – Caso I-SOLDA VAL e Perpetuidade

Questões de Fixação e Revisão

1 – Reavalie o caso da **Patatas Potatoes Processadora de Batatas** (seção 8.1), considerando o valor do total do investimento e os FCL incrementais. O projeto se ainda se mostra viável sem o aporte do período n_o?

2 – A **Fábrica Nacional de Penicos** está passando por um sério problema de caixa, que vem se agravando com o passar do tempo. Uma das soluções encontradas foi demitir 40 funcionários, cujo salário médio é de $2.300, contratando 25 funcionários por $1.500. Em ambos os casos há ainda encargos sociais de 105%. O FCL incremental se dá pelo ganho obtido na troca de funcionários. A indenização é de $29.200 por funcionário. Analise a viabilidade desta decisão, se o custo de oportunidade for de 15% e o tempo ideal para retorno for de 7 meses.

| 169

3 – Considerando o seguinte fluxo de caixa de um projeto financiado pelo Banco da Praça responda às questões abaixo.

Período	0	1	2
FCL	-27.000	53.000	-7.000

a) se a empresa exige um retorno de 11% em seus investimentos, deveria aceitar esse projeto? Por quê?

b) calcule a TIR desse projeto. Quantos TIRs existem? Se você aplicasse a regra de decisão pela TIR, deveria ou não aceitar esse projeto? O que está acontecendo?

c) analise o índice de lucratividade.

d) Análise a TIRm do projeto.

4 - A Mining Black Hole está decidindo se deve iniciar uma operação a céu aberto, cujo custo líquido é de $2 milhões desembolsados no início das operações. Espera-se que o fundo de caixa líquido ao final do primeiro ano seja de $13 milhões. A lavra deve ser restaurada ao seu estado natural, a um custo de $12 milhões, pagável no final do segundo ano. Se o custo de oportunidade for de 10% o projeto deve ser aceito? E se o custo de oportunidade for de 20%? Analise os resultados.

5 – Volte ao capítulo 8 e refaça o exercício 5 considerando a existência de perpetuidade.

6 - Volte ao capítulo 8, tome o exercício 10 e avalie os projetos pelo VPLa.

7 - Volte ao capítulo 8, tome o exercício 10 e avalie os projetos considerando a Perpetuidade e responda qual deve ser implementado?

10 – BREVIÁRIO SOBRE INVESTIMENTOS FINANCEIROS

Box 10.1 – Dinâmica do Mercado Financeiro

O mercado financeiro é um sistema aberto, formado por oito subsistemas. Um sistema é um conjunto de partes que se integram formando o todo. O sistema aberto é aquele que interage com o meio captando recursos, processando-os e lançando-os novamente no ambiente.

As partes ou subsistemas do mercado financeiro são os mercados: monetário, de crédito, cambial, de capitais, crédito rural, de derivativos, de ouro e de seguros, dentro dos quais operam as instituições com uma infinidade de produtos financeiros. Em torno do mercado financeiro estão os agentes superavitários e os agentes deficitários.

Enfocando o mercado financeiro pela visão sistêmica, tem-se: nas entradas os recursos financeiros captados dos agentes superavitários; nas saídas os recursos ofertados aos agentes deficitários; o processamento é formado pelas operações de captação e empréstimos oferecidas pelas instituições financeiras.

As operações de captação se viabilizam por meio de produtos financeiros, cuja aquisição pelos agentes superavitários constitui as aplicações financeiras. No mercado financeiro é lugar comum chamar estas aplicações de investimentos. O termo não é o mais adequado, a não ser quando acompanhado do adjetivo "financeiro". Pela ótica do aplicador a aquisição do produto financeiro equivale à aquisição de um direito ou de um ativo financeiro. Assim, o ativo financeiro é o objeto da aplicação ou do investimento financeiro.

O capítulo 1 apresenta o conceito de investimento financeiro que, em essência, consiste na aquisição de ativos financeiros sob a forma das modalidades de valores mobiliários, dos tipos de títulos públicos e da variedade de ativos cambiais.

Além desse conjunto, manifestam-se os ativos reais como opções de investimentos.

O presente capítulo traz um breve painel, em ordem alfabética, sobre as principais modalidades de investimento financeiro e de ativos reais descrevendo os conceitos principais e as definições associadas, as estratégias, as recomendações e as práticas operacionais do mercado.

10.1 Ações

A ação é uma modalidade de valor mobiliário que representa a menor parcela do capital de uma sociedade anônima, cujo capital pode ser aberto ou fechado. Em se tratando de uma sociedade anônima de capital aberto, ação torna-se um valor mobiliário negociável em Bolsa de Valores.

Existem dois tipos de ações: as preferenciais e as ordinárias. As ações preferenciais se distinguem das ordinárias por terem prioridade no reembolso do capital e no recebimento dos dividendos. As ações ordinárias por sua vez dão direito a voto nas decisões das assembleias de acionistas.

As ações são negociadas em dois ambientes: o mercado primário e o mercado secundário. O mercado primário é o ambiente onde ocorrem os lançamentos de novas emissões de valores mobiliários e títulos públicos. Dentre as operações destaca-se o IPO – *Initial Public Offering*, ou Oferta Pública Inicial, na qual é realizado o primeiro lançamento de ações ao público por uma companhia.

O mercado secundário é o ambiente no qual os acionistas e os portadores de outros valores mobiliários comercializam seus títulos obtendo liquidez e ganhos com a transferência dos direitos sobre os ativos. No mercado secundário os negócios podem ser à vista, a termo, de opções ou de balcão.

O mercado à vista compreende as operações para liquidação imediata, sendo responsável por cerca de 90% do movimento normal da Bolsa. Neste ambiente o ciclo de liquidação é de 4 dias ou D + 3. Em D0 são realizados os negócios, via corretoras. No dia seguinte, D1, há a identificação dos investidores. Em D2 a Bolsa de Valores verifica os saldos custodiados. Em D3 ocorrem as transferências de ativos e os respectivos pagamentos e recebimentos.

O mercado a termo negocia as ações com prazo para realização, geralmente, 30 dias. As negociações são fixadas em contrato. No mercado de opções negociam-se os direitos de compra ou venda de uma determinada ação em determinada data. Há ainda o mercado de balcão no qual as operações ocorrem fora do circuito da Bolsa de Valores, sendo seu objeto ações de empresas não listadas.

Sob a ótica do investidor a aquisição de ações possibilita triplo ganho. O primeiro deriva da distribuição de dividendos. Como adquirir ações significa participar do negócio, então a medida que este negócio gera lucros, uma parte destina-se aos sócios para remunerar o investimento.

Em segundo lugar, há os ganhos patrimoniais decorrentes das pressões de oferta e demanda que afetam diariamente o valor das ações. De um lado estão os acionistas que observam a oscilação do valor da ação, analisam as perspectivas de mercado e decidem realizar seus ganhos. Do outro estão os agentes que acreditam que o preço da ação tende a subir e como estão capitalizados, buscam adquirir os direitos sobre a ação para realizarem ganhos futuros.

Há ainda a bonificação que corresponde a distribuição de ações por ocasião do aumento de capital com reservas de capital ou lucros não distribuídos.

10.1.1 O processo de negociação

O primeiro passo para adquirir ações é compreender o processo de negociação de ações e seus principais agentes. A Figura 10.1 apresenta os principais agentes pelo lado da oferta e da demanda.

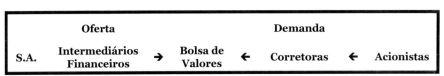

Figura 10.1 – Oferta e Demanda no mercado de ações

Do lado da oferta estão as sociedades anônimas e as instituições financeiras que apoiam o processo de lançamento. Do lado da demanda encontram-se os acionistas atuais e potenciais que irão negociar nos dois ambientes. Para apoiar as negociações estão as sociedades corretoras de títulos e valores mobiliários (SCTVM) ou simplesmente corretoras, que realizam as operações solicitadas pelos investidores na Bolsa de Valores.

Entre a oferta e a demanda está a Bolsa de Valores que é uma instituição civil, sem fins lucrativos, constituída por sociedades corretoras, cujo objetivo é organizar e manter o ambiente para realização das negociações de títulos e valores mobiliários.

A Bolsa de Valores exerce a função autorreguladora do mercado acionário por meio:

- do estabelecimento de regras para listagem das companhias e para realização dos negócios;

- de triagem de notícias que possam afetar os negócios;

- da exigência de esclarecimentos com a publicação de Fatos Relevantes;

- da definição da suspensão de negociações;

- da divulgação de notícias sobre eventos das empresas;

- da inibição de negociações que não atendam as normas da CVM;

- da não execução de ordens cujo preço oscile mais / menos que 3% em relação ao último negócio;

- da não execução de ordens que envolvam mais de 5 vezes a média dos últimos 30 pregões;

- da análise pós-pregão de operações com oscilações atípicas e eventual cancelamento;

- da execução de serviço de liquidação e custódia.

10.1.2 Sobre a Bolsa de Valores[15]

Na sua origem as Bolsas de Valores transacionavam mercadorias. Somente a partir do Século XVIII passou a negociar valores mobiliários, do qual surge o perfil atual.

No Brasil, em 1890 é fundada a Bolsa de Valores de São Paulo, que em 1967 recebe a denominação de Bovespa. Em 2008 a Bovespa se funde com a Bolsa de Mercadorias e Futuros (BM&F) e em 2017 compõem-se com a CETIP – Central de Cus-

---

[15] Esta seção foi elaborada com base em Fortuna (2010) e B3 (2022).

tódia e Liquidação de Títulos Privados, passando a ser denominada de B3 (Brasil, Bolsa, Balcão).

A B3 é uma companhia que tem por função básica administração de mercados organizados de títulos e valores mobiliários; manutenção de ambientes de negociação; prestação de serviços de registros, compensação, liquidação e custódia de ativos financeiros. Com o exercício das suas funções atinge os objetivos econômicos de canalizar poupanças para investimentos, criar condições de ganhos para os investidores e garantir a liquidez das operações.

As ações comercializadas na B3 são listadas em três segmentos conforme o nível de governança corporativa adotada pelas companhias: Nível 1, Nível 2 e Novo Mercado.

O primeiro segmento é o Nível 1, no qual as empresas devem adotar práticas de governança que favoreçam a transparência e o acesso à informação pelos investidores, como colocar no mínimo 25% das ações em circulação no mercado, fazer ofertas públicas para pulverizar o seu capital, divulgar informações trimestralmente, entre outras.

O segundo segmento é Nível 2, que parte do nível 1, acrescentando o mandato unificado do Conselho de Administração; disponibilizar Demonstrações Financeiras conforme normas internacionais; dar direito a voto aos acionistas preferenciais, sempre que houver conflito entre o controlador e a empresa, entre outras.

O terceiro e principal segmento é o Novo Mercado que abriga companhias comprometidas com voluntariamente com elevado grau das boas práticas da governança corporativa e da evidenciação de informações. Este nível parte do Nível 2 acrescendo a proibição de emissão de ações preferenciais, a extensão aos acionistas ordinários das mesmas condições dadas aos controladores, entre outras.

10.1.3 O papel das corretoras

Após adquirir a visão geral, parte-se apara o segundo passo: escolher uma corretora de valores para negociar na Bolsa em nome do investidor. Esta etapa é fundamental uma vez que não se executa operações diretamente na bolsa, somente através de corretoras.

A escolha da corretora pode começar com uma consulta ao *site* da Bolsa de Valores para levantar as instituições habilitadas a operar. Completa esta fase inicial uma consulta ao *site* da CVM[16] para verificar se há algo que desabone uma instituição específica.

Após identificar as possíveis corretoras, faz-se contato direto para avaliar o rol de serviços oferecidos e os preços praticados. Deve-se notar que os bancos possuem corretoras no seu conglomerado, considerando a reciprocidade entre cliente banco pode ser vantajoso operar com a corretora do seu banco.

Definida a corretora, realiza-se um cadastro junto a ela, com informações pessoais e patrimoniais, cuja finalidade é estabelecer limites para as operações, bem como direcionar o fluxo de informações.

10.1.4 Recomendações para investir em ações

Para finalizar o tema ações é apresentado nesta seção um conjunto de recomendações para os investidores:

a) planeje as operações, defina o valor a ser investido e o prazo para realização dos ganhos;

b) identifique o seu perfil, pois é importante conhecer a capacidade para suportar as oscilações do mercado sem entrar em pânico, se consegue assumir perdas no curto prazo e tem condições de se recuperar no longo prazo;

c) defina uma estratégia geral para a aquisição, fixando os setores mais promissores ou atraentes, a participação destes no portfólio e a preferência da aquisição;

d) escolha as ações a serem compradas e a determinação da quantidade a ser adquirida, determinar as empresas, o tipo de ação ON ou PN e a modalidade de compras fracionadas ou lote padrão;

e) não coloque todos os ovos em uma mesma cesta procure diversificar a carteira para reduzir os riscos e elevar o retorno médio;

f) diversifique, sem pulverizar, forme carteiras com algumas ações e não com uma infinidade delas;

g) forme a carteira com aquisições periódicas, estabelecendo uma programação;

16 www..gov.br/cvm

h) minimize os riscos com a aquisição dos *"blue chips"* que são ações de primeira linha por possuírem alta liquidez;
i) avalie periodicamente a possível recomposição da carteira com realização de ganhos;
j) avalie os mecanismos para participar do mercado acionário como *home broker*, clube de investimentos e fundos de ações, especialmente para valores menores;
k) avalie eventual realização de perdas por ocasião de crises e pelo baixo crescimento do valor da ação;
l) o objetivo da aquisição de ações é o longo prazo, quando da proximidade do prazo estabelecido deve-se realizar os ganhos e migrar para ativos de maior liquidez;
m) a participação das ações no portfólio de ativos pode ser definida pela regra dos 100, que consiste em extrair de 100 a idade do investidor, por exemplo, um investidor com 18 anos as ações podem representar 82% de suas aplicações, quanto mais novo maior é a participação das ações, pois, teoricamente, o investidor mais novo tem maior sobrevida para recuperar eventuais perdas.

10.2 Ativos Cambiais

Os ativos cambiais abrigam um conjunto de produtos financeiros vinculados a variação cambial, ou seja, a diferença entre as taxas de compra de uma determinada moeda estrangeira, entre dois momentos no tempo.

Fazem parte dos ativos cambiais:

a) os títulos cambiais que são títulos públicos federais, remunerados pela variação cambial e pelo cupom cambial, que é uma taxa de juros definida em dólares;
b) os fundos cambiais que são uma modalidade de fundos de investimentos, cuja carteira é formada por ativos remunerados, principalmente, pela variação cambial e por taxa de juros, sua função é proteger aqueles investidores com obrigações em moeda estrangeiras ou turistas que estejam formando uma reserva para viagens internacionais;
c) as debêntures cambiais são uma modalidade de debêntures emitidas por companhias exportadoras, com cláusula de variação cambial, o prazo mínimo é de três anos e o

valor mínimo da operação é de US$1 milhão convertidos em reais;

d) o *Swap* Cambial é uma operação de troca de rentabilidade da Letra do Tesouro Nacional (LTN) em Selic pela variação cambial mais o cupom cambial, recomendada para empresas com dívidas em moeda estrangeira e com LTN nos ativos;

e) os contratos futuros em dólar é uma modalidade de derivativo, cuja função é garantir o preço da moeda estrangeira em uma data posterior.

10.3 Ativos Financeiros

Ativos Financeiros é a denominação comum do produto financeiro adquirido, que se torna um direito do adquirente ou investidor.

O produto financeiro, por sua vez, é o mecanismo ou valor mobiliário com o qual os intermediários financeiros realizam as operações de captação. O ato de adquirir o produto financeiro é a aplicação financeira.

Por fim, captação financeira é o sistema que as instituições financeiras – bancos comerciais, bancos de investimentos, Sociedade de Crédito, Financiamento e Investimento, Associação de Poupança e Empréstimo, Banco de Câmbio, entre outras – adotam para captar poupanças e utilizá-las nas operações de crédito. O Quadro 10.1 apresenta uma síntese dos conceitos.

Quadro 10.1 – Síntese Conceitual

Aplicação Financeira	Aquisição de produto financeiro
Ativo Financeiro	É o produto financeiro adquirido, é um direito do aplicador
Operação de Captação	Sistema para transferir fundos dos agentes superavitários
Produto Financeiro	Forma pela qual as instituições financeiras realizam as operações de captação

10.4 Ativos Imobiliários

O ativo imobiliário é um conjunto de valores mobiliários lançados no mercado financeiro por instituições financeiras com o objetivo de captar recursos para financiar suas operações de crédito para construção, reforma ou comercialização de imóveis, operações de crédito hipotecário e administração de fundos de financiamento imobiliários.

O conjunto de ativos imobiliários é formado por:

a) Letras Hipotecárias remuneradas com juros pré ou pós-fixados, por um prazo de 6 a 24 meses, tendo como garantia os créditos hipotecários;

b) Letras de Crédito Imobiliários (LCI) são remuneradas por juros fixos ou flutuantes mais correção monetária, com prazo de 36 a 60 meses, a garantia são os créditos hipotecários e a garantia fiduciária do imóvel;

c) Certificado de Recebíveis Imobiliários (CRI) a remuneração é definida pelo emissor, o prazo é compatível com o financiamento imobiliário e a garantia são os pagamentos de contraprestações de aquisição de imóveis.

10.5 Ativos Reais

Os ativos reais são bens ou direitos cujo valor se altera ao longo do tempo, pois estão vinculados, normalmente, a uma atividade produtiva gerando rendimentos para o seu possuidor ou para terceiros. As principais modalidades de ativos reais são imóveis, participações em sociedades e objetos de arte.

10.6 Caderneta de Poupança

A Caderneta de Poupança é a mais popular e mais simples das aplicações financeiras. Sua função é captar recursos e direcioná-los para o financiamento imobiliário.

Esta modalidade de aplicação tem as seguintes características:

- aceita como depósito inicial e depósitos adicionais valores pequenos;

- possui liquidez imediata;

| 181

- o saque antes do prazo é penalizado apenas com a perda da remuneração;
- é isenta de imposto de renda e garantida até R\$250.000,00.

Atualmente existem várias alternativas que favorecem a aplicação na Caderneta de Poupança, entre elas: a movimentação via conta corrente, a poupança multidata, que permite 28 subcontas[17] em uma única conta; a movimentação com cartão eletrônico, por telefone ou internet.

Com relação à remuneração a Caderneta de Poupança possui dois critérios. O primeiro critério é antigo: 0,5% ao mês mais TR aplicadas sobre o menor saldo mensal. O segundo, válido para os depósitos realizados a partir de 4 de maio de 2012, pela qual a remuneração é função da SELIC.

A nova poupança paga 70% da taxa SELIC, quando esta foi igual ou inferior a 8,5% ao ano. A taxa é mensal e vigente no início do período. Deve-se destacar que os depósitos anteriores a 4 de maio de 2012, continuarão sendo remunerados pelo critério antigo até esgotar o saldo.

A TR – Taxa de Referência – é a taxa calculada pelo Banco Central do Brasil, tomando por base a TBF, sobre a qual se aplica um redutor. Sua divulgação ocorre todo dia útil com validade para os 30 dias subsequentes, com isto a remuneração da Caderneta de Poupança é pré-fixada. O termo "referência" vem de cada dia do mês em que é divulgado, o dia da referência.

A TBF – Taxa Básica Financeira – é a taxa calculada com base na média de ponderada da taxa do CDB para 30 a 35 dias, das 30 maiores instituições financeiras, excluídas as duas maiores e as duas menores. Os valores são do dia anterior ao dia de referência e válida até o mês seguinte.

A taxa SELIC é a taxa de referência do mercado financeiro, pela qual o Banco Central compra e vende os títulos públicos federais. Sua definição se dá nas reuniões periódicas o Comitê de Política Monetária (COPOM). A sigla SELIC significa Sistema Especial de Liquidação e Custódia, que é um sistema eletrônico de informações operado pelo Banco Central no qual as instituições financeiras realizam e encerram operações com títulos públicos.

Recomenda-se ao pequeno poupador fazer depósitos constantes até formar um montante maior e direcioná-lo para aplica-

---

[17] Em rigor o poupador pode abrir uma caderneta por dia do mês, porém aquelas abertas nos dias 29, 30 e 31 são consideradas em 1 do mês subsequente.

ções com maior rendimento. Para qualquer aplicador, comparar os possíveis rendimentos a serem obtidos entre as várias opções para tomada de decisão.

10.7 CDB

O CDB – Certificado de Depósito Bancário – é um título emitido por instituições bancárias com finalidade de captar recursos para financiar as suas operações de empréstimos.

Existem algumas modalidades de CDB, porém a mais comum é a pós-fixada, com remuneração como percentual do CDI. Este percentual é fixado pelas instituições em função do valor aplicado.

O CDI – Certificado de Depósito Interbancário – é um título emitido pelas instituições financeiras para negociar recursos entre si e solucionar problemas de liquidez. À remuneração deste título dá-se o nome de taxa do CDI. Normalmente, a taxa do CDI gira em torno da taxa Selic.

O custo de manutenção é zero, não há taxa de administração ou similares. Esta aplicação é sujeita ao risco de liquidez, que envolve a incapacidade da instituição liquidar a aplicação no vencimento. O imposto de renda é regressivo conforme a Tabela 10.1, o que significa dizer que aplicações com prazo mais elevado têm menor alíquota.

Prazo de Permanência	Alíquota
Até 180 dias	22,5%
De 181 a 360 dias	20%
De 361 a 720 dias	17,5%
Acima de 721 dias	15%

Tabela 10.1 – Imposto de Renda Regressivo

Com relação à liquidez, normalmente, é imediata. No entanto, as aplicações resgatadas antes de um mês são penalizadas com o IOF regressivo, conforme a Tabela 10.2. Em certos casos o valor do resgate antecipado compromete o principal. A aplicação de impostos regressivos tem por função incentivar a manutenção da aplicação por prazo mais longo.

Dias Corridos	% de IOF	Dias Corridos	% de IOF	Dias Corridos	% de IOF
1	96	11	63	21	30
2	93	12	60	22	26
3	90	10	56	23	23
4	86	14	53	24	20
5	83	15	50	25	16
6	80	16	46	26	10
7	76	17	43	27	10
8	73	18	40	28	6
9	70	19	36	29	3
10	66	20	33	30	00

Tabela 10.2 – IOF Regressivo

O CDB é recomendado para agentes conservadores, com capital médio-alto e com horizonte de aplicação elástico (mais de um ano). Esta aplicação vem ao encontro da reserva para segurança.

O risco é baixo considerando a existência do Fundo Garantidor de Crédito (FCG), que é uma entidade privada, sem fins lucrativos, que administra o mecanismo de proteção aos correntistas, poupadores e investidores, contra instituições financeiras em caso de intervenção, liquidação e falência.

10.8 Clube de Investimentos

O Clube de Investimento não é uma modalidade de aplicação financeira, mas uma das formas para as pessoas físicas aplicarem em ações, ao lado do fundo de ações e das operações de *home broker*.

Consiste na reunião de um grupo de 3 a 50 pessoas com um objetivo de investir em ações, e que, muitas vezes, também pertencem a uma mesma unidade social: uma família, uma empresa, um condomínio, um clube etc.

Após a união das pessoas deve-se buscar um corretor para viabilizar a formação do clube, o que envolve: a elaboração de um estatuto, o registro na Bolsa de Valores, a formação e gestão da carteira e a definição do valor das quotas.

O Clube de Investimento deve ter CNPJ e a sua gestão deve seguir as práticas contábeis tradicionais, bem como a manutenção do fluxo de informações para os sócios.

Os custos inerentes ao Clube de Investimento são a taxa de administração, que geralmente oscila entre 0,5% e 2% do patrimônio; os gastos operacionais (taxa de corretagem, emolumentos e taxa de custódia) e a taxa de gestão, quando for contratado um profissional para realizar a gestão do clube. A alíquota do imposto de renda é de 15% sobre ganho de capital no resgate da quota.

O Clube de Investimento tem como principal vantagem o baixo montante para aplicação, por pessoas com pouco tempo para acompanhar o movimento da Bolsa de Valores. Adiciona-se a isto o menor grau de transparência cobrado pela CVM. Como é um investimento coletivo com característica de condomínio fechado, a transparência e a decisão ficam por conta e risco do associado.

10.9 Debêntures

As debêntures são valores mobiliários emitidos pelas sociedades anônimas de capital aberto não financeiras e sua função é captar recursos por meio de endividamento de médio e longo prazos. As modalidades de debêntures são definidas por meio da forma de emissão, da sua classe, da sua garantia e da responsabilidade do controle.

A emissão da debênture pode ser pública, quando a oferta se destina ao público em geral, ou privada quando objetiva um grupo restrito como, por exemplo, investidores institucionais.

A classe das debêntures refere-se à forma de remuneração e à relação à conversibilidade ou permutabilidade em ações. Existem três tipos: a simples na qual se paga somente juros e correção monetária; a conversível na qual pode haver conversão das debêntures em ação, se o credor desejar; permutável, na qual as debêntures podem ser trocadas por ações de outra companhia.

A garantia das debêntures pode ser:

- real, quando existem bens garantindo a operação, podendo ter como garantias complementares o aval de terceiros, a limitação do endividamento, garantia da propriedade do bem;

- flutuante, quando a operação é garantida por bens que podem ser negociados;

- quirográfica, quando não oferecem garantias em relação aos demais credores em caso de falência;
- subordinada, quando os credores têm preferências apenas sobre os acionistas.

Por fim, as debêntures podem ser catalogadas em função do controle pós-emissão. Por este, as debêntures podem ser nominativas, quando o controle e o registro de transferência ficam a cargo da companhia emissora, ou escriturais, quando a custódia e a escrituração são feitas por outra instituição.

Sob a ótica do credor – aquele que adquire a debênture – está sendo feita uma aplicação, pois receberá juros e correção monetária. Normalmente, os juros são pagos periodicamente e o principal no vencimento. Deve-se destacar que as taxas e os indexadores são definidos no ato do lançamento pela companhia emissora. Os custos associados são equivalentes ao das ações, com imposto de renda e IOF regressivos.

A liquidez dá-se pelo SND – Sistema Nacional de Debêntures, entidade que negocia os títulos em operações e balcão na Bolsa de Valores. A custódia e a liquidação ficam a cargo da CETIP – Central de Custódia e Liquidação Financeira de Títulos. Neste ambiente apresentam-se as debêntures padronizadas, que foram instituídas pela CVM com o objetivo de dar mais dinamismo ao mercado secundário deste valor mobiliário.

A padronização consiste em escrituras com formato próprio e unificado, oferta debêntures públicas, não conversíveis, nominativas, negociadas por um percentual no valor de face ou nominal.

Como aplicação financeira a debênture pode ser uma interessante opção para compor portfólios de médio e longo prazo. O risco é o da taxa de juros. A principal desvantagem da debênture é baixa liquidez, se comparada a outras aplicações.

10.10 Depositary Receipt (DR)

Os DRs – *Depositary Receipt* – ou Certificados Custodiados, em uma tradução livre, ou Certificados de Depósitos de Valores Mobiliários são títulos emitidos no exterior com base em valores mobiliários emitidos por companhias no seu país de origem, por meio de uma instituição financeira depositária (COMISSÃO DE VALORES MOBILIÁRIOS, 2019).

No Brasil são negociadas na B3 as BDRs (*Brazilian Depositary Receipt*), regulamentadas pela IN CVM 332/2000. Neste caso empresas estrangeiras lançam seus títulos no mercado nacional, tendo como lastros valores mobiliários lançados no país de origem.

Há também as ADRs (American *Depositary Receipt*), e as GDRs (Global *Depositary Receipt*) regulamentadas pela Resolução 1289/87 e suas atualizações. Com este ativo empresas brasileiras podem lançar títulos no mercado americano (ADR) ou em outro país (GDR) sendo estes papéis garantidos por ações ou outro valor mobiliário lançado no Brasil.

Em todos os casos os direitos do investidor se equivalem ao do acionista do país de origem.

10.11 Derivativos

Derivativos são operações financeiras cujo valor se forma a partir de ativos-objetos ou de referência, que podem ser reais ou financeiros. Os ativos-objetos reais são *commodities*, como petróleo, ouro, café, trigo, açúcar, milho, entre outros. Os ativos de referência financeiros derivam de taxa de juros, taxa de câmbio, índice de preços ou de ações.

As funções do derivativo são dar proteção contra as oscilações de mercado; permitir a especulação com os preços futuros e trocar indexadores. Neste contexto operam dois agentes: os *hedgers* e os especuladores.

Os *hedgers*, em decorrência de seus negócios, buscam os derivativos como estratégia de proteção contra a oscilação dos preços, que pode: elevar os custos, reduzir receitas ou comprometer seu fluxo de caixa. Os especuladores procuram ganhos com operações contrárias aos *hedgers*.

Em rigor, o mercado de derivativos é uma "grande bolsa de apostas", de um lado os *hedgers* que acreditam na evolução do mercado a seu favor. No outro extremo estão os especuladores que acreditam na mesma coisa. Em todos os casos, este mercado não é para principiantes e nem para investidores com perfil conservador, pois o risco é elevado. Sugere-se, para os iniciantes aplicações em fundos lastreados por derivativos.

As operações com derivativos são segmentadas em mercados futuros, mercado a termo, mercado de opções e *swaps*. O mercado futuro negocia contratos padronizados, nos quais são definidos a quantidade e o preço do ativo-objeto, com data para liquidação e ajustes diários. O mercado a termo assemelha-se ao mercado futuro, porém com data e valor para liquidação. O mercado de opções negocia o direito de compra ou venda de um determinado ativo-objeto. O de *swaps* realiza trocas de rentabilidade.

10.12 EFT

O ETF (*Exchange Trade Fund*) é um fundo de índice cuja remuneração é função de uma cesta de ações que formam determinado índice. Um índice de ações é um indicador que mede a variação das cotações de uma carteira teórica de ações.

Os índices de maior destaque são:

- Ibovespa, formado por uma carteira de ações que correspondem a mais de 80% dos negócios e volume financeiro no mercado à vista em lotes padrão;

- IBrX (Índice Brasil 100) abriga uma carteira as 100 ações mais negociadas na Bolsa;

- ISE (Índice de Sustentabilidade Empresarial) congregam as ações das empresas com reconhecida atuação com responsabilidade social e sustentabilidade ambiental;

- índices setoriais, congregam ações de empresas de um mesmo setor: telecomunicações, energia etc.

No caso do ETF o índice pode ser algum desses ou outro, com uma característica particular, ser especificamente elaborado para dar lastro ao fundo.

10.13 Fundo de Ações

O fundo de ações é um mecanismo de participação no mercado acionário estruturado sob a forma de fundo de investimentos. Esta categoria de fundo de investimento permite ao poupador investir em ações sem ter a preocupação de administrar a carteira, basta escolher a estratégia estabelecida para cada modalidade do fundo de ações.

Segundo a ANBIMA – Associação Brasileira das Entidades de Mercado Financeiros e de Capitais – existem 10 modalidades de fundos de ações, que se estabelecem a partir dos ativos que dão lastro a carteira. O fundo de ações é tributado em 15% no resgate.

10.14 Fundo de Investimentos

Fundo é a reunião de recursos financeiros de diversos investidores, sob a forma de condomínio aberto ou fechado, para direcioná-los a uma determinada carteira. Sua constituição dá-se sob a forma de entidade jurídica, administrada por uma instituição financeira.

O condomínio é uma propriedade coletiva, que dá aos participantes oportunidades de rendimento que individualmente não obteriam. O caráter aberto indica que os indivíduos podem entrar ou sair do fundo sem restrições. Enquanto os fechados não permitem entrada ou saída dos quotistas.

Deve-se destacar que os fundos têm uma estrutura geral que pode ser aplicada a qualquer valor mobiliário, título de crédito ou seus derivados; investimentos qualificados ou outros, criando assim uma ampla variedade de produtos financeiros.

Segundo a ANBIMA existem 11 categorias de fundos, dentro das quais estão contidos tipos específicos, perfazendo ao total 44 modalidades.

Os tipos de fundos distinguem-se pelo lastro, ou seja, pelas classes de valores mobiliários e títulos para os quais são direcionados os recursos, pelo prazo da aplicação: curto ou médio e longo, pelo tipo de rendimento fixo ou variável. As modalidades específicas são definidas pela estratégia adotada para maximizar os ganhos, envolvendo nível de diversificação e nível de risco assumido, em alguns casos admitindo perdas superiores ao patrimônio do fundo (são os fundos alavancados). Para maiores detalhes sugere-se visita ao *site* da ANBIMA.

O principal item de custo dos fundos é a taxa de administração, que é um percentual cobrado para a gestão. Há ainda a taxa de performance ou *"sucess fee"* que é cobrada, em algumas situações, pelo gestor do fundo em função do desempenho obtido acima de determinado parâmetro.

Existe, também, a taxa de ingresso, cobrada pelo gestor na venda das quotas e a taxa de saída, cobrada no resgate das quotas. Ambas são vinculadas a fundos fechados, porém não são usuais no mercado brasileiro.

| 189

Com relação à tributação, sobre os fundos incidem o imposto de renda e o IOF regressivos, conforme as Tabelas 10.1 e 10.2. No entanto, existem algumas particularidades definidas em função da modalidade do fundo estabelecida pela Lei 11.033 de 21/12/2004.

Sobre os demais fundos de investimentos, o caso do Imposto de Renda tem incidência semestral, no último dia dos meses de maio e de novembro. Sua aplicação é pela menor alíquota da categoria do fundo, 15% no curto prazo e 20% no longo prazo, reduzindo o número de quotas, daí este mecanismo chamar-se "come-cotas". No resgate há o ajuste do imposto de renda.

Os fundos de investimento têm como vantagens para o aplicador:

- participação, com pouco capital, nos ganhos em carteiras de diversos valores mobiliários e títulos;

- ter gestores para a carteira, o que poupa tempo do aplicador com esta atividade;

- baixas restrições para entrada ou saída do fundo, o que dá boa liquidez.

Os riscos estão associados à modalidade de valores mobiliários, títulos ou seus derivados que dão lastro ao fundo. Tais riscos são similares às aplicações diretas nessas modalidades.

10.15 Fundos Multimercados

Os Fundos Multimercados são uma modalidade de fundos de investimentos que se diferencia dos demais pela estratégia adotada pelo gestor, o lastro do fundo envolve diversos valores mobiliários, sendo na sua maioria alavancados, ou seja, há risco de perda do principal.

O Quadro 10.2 apresenta as principais características das modalidades de Fundos Multimercados.

Quadro 10.2 – Modalidades de Fundos Multimercado

Modalidade	Características
Macro	Lastro em diversos ativos, baseados em estratégias em cenários macroeconômicos de médio e longo prazo. Admite Alavancagem
Trading	Estratégias de investimento: diversos mercados ou classes de ativos, baseados no curto prazo. Admite Alavancagem
Multiestratégia	Adota várias estratégias sem se concentrar em uma em particular. Admite Alavancagem
Multigestor	Aplicação em vários fundos administrados por gestores distintos. Admite Alavancagem
Juros e Moedas	Lastro em ativos de renda fixa, assumem risco de juros, de índice de preço e de câmbio. Admitem Alavancagem
Estratégia Específica	Estratégia adotada contempla riscos específicos como *commodities*, futuros etc. Admite Alavancagem
Longo and Short – Neutro	Lastro em ativos e derivativos ligados a renda variável; Estratégia mantém exposição neutra ao risco. Admite Alavancagem
Longo and Short – Direcional	Lastro em ativos e derivativos ligados à renda variável; Estratégia manter posição comprada ou vendida que gerem maior vantagem. Admite Alavancagem
Balanceado	Lastro: diversas classes de ativos Estratégia: buscam retorno de longo prazo, por meio da diversificação e mudanças na composição da carteira. Não admite Alavancagem
Capital Protegido	Atuação em mercados de risco, tendo como estratégica proteger o capital.

A classificação dos Fundos Multimercados toma por base as estratégias adotadas pelos gestores para atingir os objetivos dos fundos, que devem prevalecer sobre os instrumentos utilizados.

10.16 Home Broker

O *Home Broker* é uma forma de operações, por meio de corretoras, no mercado acionário, pelo qual o investidor insere suas ordens no *site* da sua corretora e acompanha a evolução do pregão em tempo real.

A vantagem do *home broker* é a velocidade de realização dos negócios e a possibilidade do acompanhamento da execução e do comportamento de mercado, permitindo decisões rápidas.

Os riscos associados vêm da sujeição ao vício, dos boatos e da instabilidade do sistema de informações.

Com relação ao vício, deve-se ter em mente que o *home broker* se assemelha ao jogo, quase como um vídeo game, podendo tornar o investidor compulsivo e limitando as decisões racionais.

Sobre os boatos, especialmente aqueles implantados em salas de bate papo deve-se confiar na Bolsa de Valores, pois uma de suas funções é dirimir informações que levem à manipulação dos resultados. Na dúvida não realize a operação, espere e busque mais informações para sustentar a decisão.

O terceiro risco é a instabilidade do sistema entre o investidor e a corretora, para isto é possível operar com duas conexões, manter contato por telefone e planejar as operações.

10.17 Imóveis

O conceito de imóveis, neste texto, abrange um sentido amplo, envolve lotes urbanos, terras aráveis, casas, apartamentos, imóveis comerciais e industriais. As considerações aqui desenvolvidas são gerais e abarcam a geração de rendimentos, as vantagens e as limitações da aquisição de móveis. Deve-se frisar que cada modalidade de imóvel tem a sua especificidade e que deve ser objeto de análise daqueles que cogitam a sua aquisição.

O imóvel como investimento possui como vantagem as quatro possibilidades para geração de rendimentos: geração de alugueis; lucro com exploração comercial; valorização do imóvel decorrente de fatores externos como obras públicas; aluguel economizado quando o imóvel é usado como habitação própria.

As desvantagens no investimento com imóveis derivam da:

a) oscilação do valor em decorrência das forças de mercado que são influenciadas por variáveis decorrentes de externalidades como uma obra pública, o incentivo a construção civil, a expansão imobiliária em determinado local etc.;

b) existência de gastos para manter o imóvel legal e fisicamente em condições de uso, como IPTU, ITR e despesas com manutenção predial;

c) existência de gastos com segurança do imóvel como serviços de vigilância e salários de caseiros;

d) modificação na legislação municipal, por meio do plano diretor que pode ser favorável ou desfavorável à valorização de uma determinada região;

e) existência de custos de aquisição elevados se comparados com outros ativos, envolvem despesas com cartório, comissões, análise de documentação, entre outros.

Por fim, vale lembrar que imóvel é um bem de raiz, especialmente sob a forma de terrenos urbanos e rurais. Com a escassez cada vez maior dos recursos naturais, torna-se um investimento muito interessante no longo prazo.

10.18 Moedas Estrangeiras

As operações com moedas estrangeiras para investimento ocorrem em circunstâncias especiais. Primeiramente, por instabilidade política que eleva o grau de incerteza dos agentes econômicos. Em segundo lugar, pela perda da reserva de valor da moeda nacional causada pela inflação elevada. Nestes dois primeiros casos a demanda se forma com a busca de proteção para o patrimônio.

Em terceiro lugar está a demanda para uso em viagem ao exterior. Neste caso a aquisição se realiza para aproveitar taxas cambiais atraentes.

Há ainda uma quarta possibilidade, cuja ocorrência é função da adoção pelo governo de políticas cambiais restritivas. Nesta situação as autoridades monetárias buscam elevar o estoque de reservas por meio da promoção da desvalorização da moeda nacional num ritmo superior à inflação do período. Com isto há ganhos reais para os aplicadores.

Sob a ótica do investimento as aplicações com moedas estrangeiras são vantajosas no longo prazo, quando a variação cambial supera o *spread*, que é a diferença entre as taxas de venda e de compra é o *spread*. Deve-se notar aqui que o investidor adquire pelo câmbio turismo, cujas cotações são superiores às taxas do câmbio comercial, normalmente divulgadas pela mídia.

A compra da moeda estrangeira, pelo investidor, se dá pela taxa de venda. No momento da venda a taxa empregada é a de compra. Note-se que o referencial do câmbio é a ótica do operador do mercado que vende por uma taxa superior a da sua compra, formando o *spread*.

10.19 Objetos de Arte

Objetos de arte como modalidade de investimentos, provavelmente, são os mais ecléticos dos ativos reais. A princípio os objetos de arte tomam quatro formas: joias e gemas, obras de arte, antiguidades e carros antigos, dentro dos quais existe uma diversidade com aspectos específicos a serem considerados na decisão de compra.

Das quatro formas apontadas, os carros antigos são os que mais se distinguem se comparado aos demais: pela sua forma, pela utilidade, pela liquidez e pelo grau de originalidade como principal variável na formação de valor.

São requisitos gerais para sua aquisição:

a) ter caráter emocional ou subjetivo, pois o comprador deve gostar daquilo que está levando, uma vez que o objeto passará alguns anos como peça de decoração;

b) o caráter emocional não pode impedir a venda, pois tornaria o investimento ineficaz;

c) deve-se buscar informações sobre o funcionamento do mercado, por meio da internet, participando de leilões, frequentando galerias ou visitando feiras e exposições;

d) contratar profissionais do ramo para acompanhar a aquisição, por meio da avaliação e da indicação de itens a serem comprados;

e) o valor do objeto de arte é função de diversos fatores: estado de conservação; tendência da época da negociação; grau de originalidade (para antiguidades e veículos antigos); design; e no caso de obras de arte: o artista que assinou, as dimensões e a técnica empregada.

As limitações deste tipo de ativo real são:

a) baixa liquidez, o que exige paciência para realizar os ganhos com a venda;

b) prazo longo para retorno, os especialistas recomendam uma espera mínima de cinco anos;

c) risco mais preponderante: danos e roubo;

d) existência de suporte às aquisições, dada a necessidade de contratação de profissionais especializados.

Sob o enfoque das oportunidades, investir em objetos de arte: permite diversificar o portfólio do aplicador; facilita o manuseio e o transporte; custo de manutenção, normalmente baixo, exceto em caso de danos, pois requer, muitas vezes, profissionais especializados.

10.20 Ouro

O ouro como investimento possui concomitantemente características dos ativos reais e dos ativos financeiros. Do ativo real vem da posse material sob a forma de barras. No entanto, os certificados de depósito, facilitam a portabilidade e a . Do ativo financeiro vem o ambiente de negociação: o mercado de balcão, mercado spot ou a termo, cuja negociação se dá em um prazo futuro.

O mercado de balcão negocia-se por meio de instituições financeiras especializadas, com empresas mineradoras ou fundidoras. O comprador pode levar as barras ou certificados de custódia no ato da operação.

O outro ambiente de negociação é o mercado spot ou à vista na B3. Neste caso as negociações são conduzidas entre corretoras, sendo o objeto os certificados padronizados de 250 gramas e a liquidação ocorre no dia seguinte.

É importante notar que existe o mercado fracionado na própria B3, no qual o contrato padrão é segmentado em contratos de 10 gramas. Os custos normais são: taxa de corretagem, taxa de custódia, IOF de 1% sobre o valor da aquisição e imposto de renda de 20% sobre o ganho na venda. A cotação nacional é em grama, sendo derivada das cotações no mercado de New York, convertido pela taxa do dólar venda.

Atuam no mercado do ouro dois *players*: os especuladores, que visam ganhos de curto prazo, confrontando o ouro com dólar e com as ações, e os investidores tradicionais que buscam no ouro uma opção para manter a reserva de valor de seu portfólio.

Para o investidor o ouro traz como principal vantagem servir como reserva de riqueza frente às mais variadas crises, além de ser aceito internacionalmente como meio de pagamento. Os certificados de custódia facilitam as negociações, têm segurança e liquidez.

Em contrapartida, as limitações estão associadas à restrição da liquidez, em função do encolhimento do mercado, frente ao mercado de câmbio. Além disso, o saque físico pelo investidor traz um inconveniente na venda: é necessário refundi-lo e recertificá-lo, o que acarreta custos elevados.

10.21 Participações em Empresas

A participação em empresas consiste no envolvimento direto do investidor com uma atividade empresarial decorrente da: criação de um empreendimento, da participação societária ou da aquisição dos direitos sobre uma empresa.

A aquisição de uma empresa ocorre de duas formas. A primeira com a aquisição total do capital societário e, por conseguinte, a assunção das obrigações e dos direitos desta companhia. A segunda forma é a aquisição do direito de uso da marca, por meio de franquias.

A participação societária ocorre por meio do aumento do capital ou da venda dos direitos parciais dos sócios atuais. Em ambos os casos há a entrada ou participação de um novo sócio na empresa. Esta modalidade aplica-se em negócios no início ou em empreendimentos já existentes.

A criação de um empreendimento parte do zero, busca-se a oportunidade, conceitua-se o negócio, analisa-se o mercado, estuda-se a implantação e a viabilidade do projeto. Todas estas etapas são desenvolvidas por meio de um plano de negócios, cuja finalidade é auxiliar a tomada de decisão para conduzir à implantação e ao sucesso.

As demais opções para participações também precisam de um plano de negócios, no entanto, sua elaboração é função daqueles que buscam um sócio ou estão vendendo a empresa. Cabe ao investidor auditar a documentação e coletar novos dados para subsidiar a decisão.

Deve-se destacar que o investimento na participação em sociedades difere em três aspectos da aquisição de ações de companhias de capital aberto:

a) a responsabilidade do acionista é limitada ao valor das suas ações, enquanto que na atividade empreendedora a responsabilidade transcende ao capital para o patrimônio pessoal do empresário;

b) a gestão nas sociedades anônimas fica a cargo de executivos contratados, enquanto nas empresas de menor porte a gestão está vinculada ao proprietário;

c) nas sociedades anônimas as decisões estratégicas cabem ao conselho da administração e aos principais executivos, os acionistas ratificam tais decisões nas assembleias gerais, exercendo seu direito proporcional ao número de ações que possui.

A participação em empresas traz como benefícios a geração de rendimento variável e de longo prazo, com possibilidade de se sustentar ao longo do tempo. O rendimento é formado pelo lucro distribuído aos sócios mais a valorização da empresa e, por conseguinte a valorização do patrimônio dos sócios.

Contudo, existem algumas limitações:

- volume de capital para abrir e manter o negócio;
- tempo para o retorno se realizar;
- maior exposição aos riscos;
- necessidades de capacidade empresarial;
- conhecimento específico ou prazo para aprendizado.

10.22 Previdência Privada

A previdência privada ou complementar consiste em um sistema cuja função é suplementar a previdência social, por meio da geração de rendas adicionais para o aposentado, de forma a manter o seu padrão de vida.

A aplicação financeira em previdência privada são opções de longo prazo para compor o portfólio. É importante frisar que o longo prazo, neste caso, representa de 20 a 30 anos. Fortuna (2010) apresenta um leque de nove opções de planos, dentro dos quais se destacam o VGBL e o PGBL, a serem analisados a seguir.

10.22.1 VGBL

VGBL ou Vida Gerador de Benefício Livre é uma modalidade de previdência privada destinada às pessoas que não precisam de deduções para o imposto de renda. Sob a ótica dos ativos que dão lastro ao VGBL existem três modalidades de plano VGBL: soberano, renda fixa e composto.

O plano soberano ou referenciado DI é composto totalmente por títulos federais. O plano renda fixa é lastreado por títulos públicos federais ou outros valores mobiliários de renda fixa, havendo liberdade para aplicar até 49% dos recursos em ativos de renda variável, não se aceitando alavancagem nem sendo estabelecidas garantias de rendimento.

Com relação aos custos há a taxa de administração para cobrir os custos da gestão e a taxa de carregamento sobre o valor aportado que se destina à cobertura dos gastos da instituição. A tributação incidente sobre o VGBL recai sobre o rendimento no resgate, ficando a escolha entre o IR regressivo e a tabela de IR na fonte progressiva a cargo do investidor.

A Tabela 10.3 apresenta as alíquotas do IR regressivo. A tabela com alíquota progressiva é a mesma aplica aos salários e outras remunerações.

Tempo	Alíquota
Até 2 anos	35%
Mais de 2 anos até 4 anos	30%
Mais de 4 anos até 6 anos	25%
Mais de 6 anos até 8 anos	20%
Mais de 8 anos até 10 anos	15%
Mais de 10 anos	10%

Tabela 11.3 – Imposto de Renda regressivo

10.22.2 PGBL

O PGBL ou Plano Gerador de Benefício Livre é outra modalidade de previdência privada, cujo público-alvo são pessoas que declaram o imposto de renda pelo formulário completo e que precisam fazer deduções da renda bruta. O PGBL permite deduzir do imposto de renda os aportes anuais em até 12% da renda bruta.

A composição dos fundos, a taxa de administração e a taxa de carregamento são idênticas ao VGBL. Com relação à tributação esta recaí sobre o valor aplicado e os rendimentos conforme a Tabela de IR.

O Quadro 10.3 traz uma breve comparação entre o PGBL e o VGBL.

Quadro 10.3 – Comparativo entre PGBL e VGBL

	PGBL	VGBL
Conceito	Plano Gerador de Benefício Livre	Vida Gerador de Benefício Livre
Público-Alvo	Quem declara imposto de renda pelo formulário completo	Quem faz declaração do imposto de renda pelo formulário simplificado Quem que aplicar mais de 12% da renda em previdência
Ativos	Títulos Federais, Valores mobiliários de renda fixa e ações	Títulos Federais, Valores mobiliários de renda fixa e ações
Rentabilidade	Não há garantia	Não há garantia
Tributação	No resgate sobre os rendimentos	No resgate sobre o principal e os juros
Benefícios Fiscais	Dedução de até 12% sobre a receita anual bruta	Sem dedução

10.23 Tesouro Direto

O Tesouro Direto é uma plataforma 100% *online*, composta por um *site* e um aplicativo, pela qual as pessoas físicas podem comprar e vender títulos públicos. Esta plataforma pertence ao Programa do Tesouro Nacional em parceria com a B3.

O aplicador pode começar com valores pouco acima de R$30,00, comprando títulos com diferentes rentabilidades, prazos e períodos de remuneração. Sobre as operações incidem:

- taxa de custódia 0,2% ao ano a partir de R$10 mil;

- taxa de corretagem: livre negociação, normalmente oscilando entre 0,25 e 0,5% sobre o valor do título.

A tributação é a de praxe: IR e IOF regressivos, conforme as tabelas 10.1 e 10.2.

As operações de compra e venda são diárias entre as 9:30 e 18:00 horas, sujeitas ao valor em tempo real. Entre 18:00 e 5:00, aos finais de semana e feriados as operações se efetivam pelo valor de abertura do primeiro dia útil.

Para maiores informações sugere-se consulta ao *site* tesourodireto.gov.br e ao Regulamento do Tesouro Direto, Portaria SETO/ME 6.175/2022.

10.24 Títulos de Capitalização

Conceitualmente, um título de capitalização é uma forma de poupança de longo prazo, vinculada ao sorteio de prêmios como estímulo ao aplicador. Em termos operacionais, não é um investimento financeiro, pois remunera, conforme o rendimento da caderneta de poupança, apenas uma parcela do capital aplicado com liquidez apenas no longo prazo.

O comprador do título de capitalização aplica determinada importância integralmente ou em parcelas, dependendo da modalidade do título, e recebe o valor aplicado integralmente no final do período. O apelo principal por parte das intuições financeiras para convencer os potenciais compradores é a existência de prêmios a serem sorteados ao longo do período de vigência.

Operacionalmente do valor aportado entre 50% e 80% é destinado à reserva de capitalização; cerca de 10% forma a cota de sorteio e o restante para a quota de carregamento para cobertura de reservas de contingência e despesas de divulgação, vendas e administração do produto. Esta composição varia em função do prazo de aplicação e do prêmio a ser sorteado. Há ainda um período de carência para o resgate, em geral, um ano e sobre o título de capitalização incide 20% de imposto de renda, no caso de resgate sem incidência de sorteio, conforme a Lei 11.033 de 2004.

10.25 Títulos Públicos

Os títulos públicos são emitidos pelo setor público, no qual se destaca o governo federal, para captar recursos via endividamento, cuja função principal é financiar o déficit público ou antecipar receitas orçamentárias. Os títulos públicos para estes fins são: a LTN – Letras do Tesouro Nacional, NTN – Notas do Tesouro Nacional e LFT – Letras Financeiras do Tesouro. Existem outros títulos públicos destinados a medidas de política monetária, que somados aos títulos públicos para captação formam a dívida pública.

O Quadro 10.4 apresenta as modalidades de títulos públicos e suas características.

Quadro 10.4 – Títulos Públicos

Títulos	Características
LTN	Juros pré-fixados pagos no vencimento
NTN-F	Juros pré-fixado pagos a cada 6 meses Principal pago no vencimento
NTN-B	IPCA mais juros pré-fixados pagos cada 6 meses Principal pago no vencimento
NTN-B principal	IPCA mais juros pré-fixados pagos no vencimento
LTF	SELIC mais principal pagos no vencimento

As formas de aplicação ocorrem por meio da aquisição de quotas de fundos de investimento de renda fixa lastreados por títulos públicos, pela participação em leilões ou adquiridos pela internet. Vide seção 10.23.

A aquisição pela internet é realizada por meio de cadastro no *site* tesourodireto.gov.br e traz ao aplicador as seguintes vantagens:

- elimina taxa de administração;

| 201

- permite compor portfólios de médio e longo prazos;
- gera renda fixa ao aplicador;
- tem risco menor devido a recompra ser assegurada pelo sistema, o que dá liquidez ao investidor.

Questões para Revisão e Fixação

1 – Explique a diferença entre ativos financeiros e ativos reais.

2 – Explique a diferença entre ações e debêntures.

3 – Explique a diferença entre valores monetários e títulos públicos.

4 – O que diferencia operações em *home broker*, clube de investimentos e fundos de investimentos.

5 – Sob títulos de capitalização liste as vantagens e desvantagens desta modalidade.

11 – AVALIAÇÃO DE INVESTIMENTOS FINANCEIROS

> **Box 11.1 – Caso João da Silva**
>
> **João da Silva** acumulou nos últimos tempos R$250 mil fruto da combinação de poupança, indenização e FGTS mais uma pequena herança. Seu propósito é aplicar por dois anos esta importância. Estima-se que no ano 1 a inflação seja de 5,0% e que no ano 2 seja de 5,5%. Admite-se também que a SELIC ficará em 8,5% ao ano no período.
>
> Considerando algumas modalidades de ativos financeiros e real apresentadas no capítulo 10, qual o rendimento pode ser esperado em cada modalidade?

A avaliação do rendimento de uma aplicação financeira em ativos financeiros ou reais deve considerar a forma de mensuração dos rendimentos, os gastos para adquirir, manter e liquidar o ativo, bem como a tributação incidente.

Ambos são objeto deste capítulo, cujo objetivo maior é apresentar simulações de rendimento de ativos selecionados dentre aqueles apresentados no capítulo precedente. A seleção dos ativos tomou por base aqueles mais conhecidos e que fazem parte do portfólio da maioria dos aplicadores.

Deve-se destacar que simulação é uma técnica que busca representar a realidade por meio de modelos que permitem avaliar e decidir. A decisão favorável a uma aplicação deve conter duas condições de aceitação: a primeira o rendimento líquido deve ser positivo, pois indica que são maiores que os custos e a segunda o rendimento real, também deve ser positivo, com isso o retorno da aplicação é superior à inflação. Caso uma delas tenha resultado negativo, a aplicação se torna desfavorável.

11.1 Formas de Mensuração do Rendimento

O rendimento, retorno ou rentabilidade é definido como o ganho gerado por um investimento, podendo ser avaliado de quatro formas diferentes, independe do tipo de remuneração (pré-fixado, pós-fixado ou variável).

A primeira maneira de avaliação é o rendimento bruto (RB), que apresenta o ganho em termos monetários absoluto e é definido como a diferença entre o valor resgatado e o valor investido, conforme equação 11.1.

equação 11.1   RB   =   valor resgatado - valor investido

O segundo modo de avaliação é o rendimento líquido (RL), também em termos absolutos, que se apresenta como o RB excluído da tributação e dos custos de aquisição, de manutenção e de transferência do investimento, ambos abordados na seção 11.2 e 11.3, respectivamente.

O resultado aponta o retorno que efetivamente vai para o investidor, conforme equação 11.2.

equação 11.2   RL   =   RB – Tributos – Custo de Aquisição,

$$\text{Manutenção e}$$

$$\text{Transferência}$$

A terceira forma é o rendimento real (RR) que consiste no rendimento líquido excluído da inflação no período da aplicação, nos moldes da taxa efetiva apresentada no capítulo 4. Este resultado apresenta-se em termos absolutos.

Para encontrar o RR basta dividir RL pelo índice de preços do período, conforme a equação 11.3.

equação 11.3 $$RR = \frac{RL}{(1 + ip)}$$

Os três mecanismos anteriores apresentam o rendimento absolutos (RA) ou monetários. A partir destes pode-se encontrar o rendimento relativo (Rrel) que expressa o ganho em percentual para qualquer das modalidades de rendimento apresentadas: bruto, líquido ou real.

Para tanto se emprega a equação 11.4, dividindo-se o rendimento absoluto pelo valor do investimento e multiplica-se por 100.

equação 11.4 $$Rrel = \frac{RA}{\text{Valor Investido}} \times 100$$

11.2 Tributação

A tributação incidente sobre os investimentos financeiros é o imposto de renda e o IOF regressivo, ambos apresentados no capítulo 10, bem como a indicação da aplicação por modalidades específicas.

11.3 Custos de Aquisição, de Manutenção e de Transferência do Ativo

Esta seção se desenvolve partindo do princípio que a aplicação de recursos em um ativo, independente da modalidade, possui três fases: a fase da aquisição, a fase da manutenção e fase transferência. Cada fase implica em custos específicos e a sua identificação é importante para apurar o ganho verdadeiro com o investimento.

A fase de aquisição é o momento inicial da aplicação, no qual o investidor toma posição comprada e incorpora o ativo em seu patrimônio. Neste momento o investidor incorre em gastos para receber a posse do ativo. Tais gastos assumem várias formas determinadas em função do tipo de ativo negociado.

A segunda fase refere-se à posse do ativo. Nesta incorre-se no custo de manutenção que são os gastos para manter o ativo. É importante frisar que o custo de manutenção também assume várias modalidades específicas em função do tipo de ativo.

Na fase de transferência ou liquidação de posição o principal gasto está associado a tributação. Há também comissões de venda no caso de ativos reais.

O Quadro 11.3 apresenta alguns tipos de custos de aquisição, manutenção e transferência associados a conjuntos de ativos. O Apêndice D apresenta um glossário com sobre esses custos e outras definições de interesse.

Quadro 11.3 – Custos de Manutenção

Ativos	Custo de Aquisição	Custo de Manutenção	Custo de Transferência
Ativos Reais	ITBI Registro em Cartório Comissão	IPTU ou ITR Gastos com Segurança Gastos com Manutenção predial	Comissão
Ativos Financeiros	Taxa de Corretagem Emolumentos Taxa de Negociação	Taxa de Administração Taxa de Custódia Taxa de Performance	
Ativos Monetários	IOF	Gastos com Segurança	IOF

11.4 Calculando o Rendimento

Esta seção apresenta as simulações desenvolvidas a partir da situação proposta no Box 11.1. O objetivo geral é expor os modelos que permitam avaliar os investimentos financeiros. Assim, as simulações desenvolvidas concentram-se na forma da avaliação. Para comparar os resultados ou decidir entre as aplicações específicas é necessário trazer bases reais para compor os modelos e encontrar os rendimentos.

11.4.1 Ações

Com relação às ações, admite-se que o total do capital de **João da Silva** seja aplicado em ações de determinada companhia. Nesta simulação têm-se dois momentos distintos: a compra e a venda.

O momento da compra consiste na troca do capital por uma quantidade ações. No exemplo, com o capital de R$250.000,00 foram adquiridas 2.000 ações cotadas a R$125,00. Este ato implica em gastos associados referentes a corretagem e aos emolumentos, que adicionados ao valor das ações formam o desembolso total na operação. Vide Tabela 11.1.

1	Nº de Lote		20
2	Nº de ações por Lote		100
3	Quantidade de Ações	(1 x 2)	2.000
4	Preço por Ação	R$	125,00
5	Valor do Negócio - Compra	R$	250.000,00
6	Taxa de Corretagem	[(5) x 0,5%]+25,21	1.275,21
7	Emolumentos	(5) x 0,0325%	81,25
8	**Desembolso Total**	**R$**	**251.356,46**

Tabela 11.1 – Ações Valor de Compra

No momento da venda as ações são realizadas por R$151,20 cada. Do valor da venda é excluído o valor de compra para encontrar o rendimento bruto (RB), sobre o qual incide o imposto de renda e há ainda a taxa de custódia pelo período de dois anos. Deve-se adicionar os dividendos e juros sobre capital próprio recebidos no período.

Assim, do rendimento bruto são excluídos o imposto de renda, a taxa de custódia, os gastos com a aquisição e somados os dividendos, resultando o rendimento líquido. Vide Tabela 11.2.

1	Nº de Lote		20
2	Nº de ações por Lote		100
3	Quantidade de Ações	(1 x 2)	2.000
4	Preço por Ação	R$	151,20
5	Valor do Negócio - Venda	R$	302.400,00
6	Valor de Compra	R$	250.000,00
7	**Rendimento Bruto**	**RB**	**52.400,00**
8	Imposto de Renda	(7) 15%	7.860,00
9	Taxa de Custódia	(6) x 0,02% x 24 meses	1.200,00
10	Gastos Com Aquisição		1.356,46
11	Dividendos	0,35/ação ano	1.400,00
12	**Rendimento Líquido**	**RL (7 - 8 - 9 - 10 + 11)**	**43.383,54**

Tabela 11.2 – Ações Valor de Venda

De posse dos rendimentos brutos e líquido podem ser identificados os rendimentos real (RR) e relativo (Rrel), conforme as equações 11.3 e 11.4. Destaque-se que a inflação esperada no período de dois anos é de 10,775%.

$$RR = \frac{43.383,54}{1,10775} = 39.163,65$$

$$RBrel = \frac{52.400,00}{250.000,00} \times 100 = 20,96\%$$

$$RLrel = \frac{43.383,54}{250.000,00} \times 100 = 17,35\%$$

$$RRrel = \frac{39.163,65}{250.000,00} \times 100 = 15,66\%$$

Assim, por esta simulação a aplicação de R$250.000,00, gera o rendimento bruto de R$52.400,00, equivalente a 20,96% do investimento; o rendimento líquido é R$43.383,54 ou 17,35% da aplicação e R$39.163,65, como rendimento livre da inflação do período, equivalente a 15,66%. A decisão neste caso é favorável, pois os ganhos superam os custos e o rendimento real é positivo.

11.4.2 Caderneta de Poupança

Outra possibilidade para a situação proposta no Box 11.1 é aplicação em Caderneta de Poupança com remuneração é de 0,47% ao mês, por dois anos.

1	Valor Aplicado	250.000,00
2	**Rendimento Bruto (RB)**	**29.778,07**
3	Imposto de Renda	
4	Custo de Manutenção	
5	**Rendimento Líquido (RL)**	**29.778,07**

Tabela 11.3 – Rendimento da Caderneta de Poupança

O rendimento bruto (RB) é calculado da seguinte forma:

R$250.000 x $(1,0047)^{24}$ = R$250.000 x 1,11911
R$279.778,07 – R$250.000,00 = 29.778,07

Como sobre a Caderneta de Poupança não incide imposto de renda nem há custo de manutenção, o rendimento líquido é igual ao bruto. Considerando a inflação estimada para o caso a rentabilidade real é de R$26.881,58, correspondente a 10,75% do capital aplicado.

$$RR = \frac{29.778,07}{1,10775} = 26.881,58$$

$$RBrel = \frac{29.778,07}{250.000,00} \times 100 = 11,91\%$$

$$RRrel = \frac{26.881,58}{250.000,00} \times 100 = 10,75\%$$

A decisão nesta aplicação é favorável, pois os rendimentos superam os custos e a inflação do período.

11.4.3 Câmbio Manual

Nesta simulação admite-se que **João da Silva** troque todo o seu capital por dólares, a taxa de R$3,51 e que, no resgate, dois anos depois, a taxa seja de R$4,22. Nas operações com câmbio manual incide IOF de 1,1% na compra e de 0,38% no resgate.

A Tabela 11.4 apresenta o rendimento estimado para esta operação.

1	Valor Aplicado	em R$	250.000,00
2	Taxa de Câmbio aplicação	US$ / R$	3,51
3	Valor Em US$		71,225.07
4	IOF aplicação	(1) x 1,1%	2.750,00
5	Desembolso Total	(3) + (4)	252.750,00
6	Taxa de Câmbio resgate	US$ / R$	4,22
7	Valor Resgatado	em R$	300.569,80
8	IOF resgate	(7) x 0,38%	1.142,17
9	**Rendimento Bruto**	**(7) - (1)**	**50.569,80**
10	IOF	(4) + (8)	3.892,17
11	**Rendimento Líquido**	**(9) - (10)**	**46.677,64**

Tabela 11.4 – Rendimento com compra de moeda estrangeira

Aplicando as equações pertinentes ao rendimento real e relativo, tem-se neste caso os seguintes resultados:

$$RR = \frac{46.677,64}{1,10775} = 42.137,34$$

$$RBrel = \frac{50.569,80}{250.000,00} \times 100 = 20,22\%$$

$$RLrel = \frac{46.677,64}{250.000,00} \times 100 = 18,67\%$$

$$RRrel = \frac{42.137,34}{250.000,00} \times 100 = 16,85\%$$

A hipótese de aplicação em moeda estrangeira traz como resultado bruto R$50.569,80, equivalente a 20,22% de rentabilidade relativa; R$46.677,64 como rendimento líquido equivalente a 18,67% e rendimento real de R$42.137,34 equivalente a 16,85%. As condições apresentadas tornam a aplicação favorável uma vez que os custos são superados pelos rendimentos e há ganhos acima da inflação.

11.4.4 CDB

Nesta simulação adota-se como parâmetro de remuneração que as instituições financeiras estejam pagando 10% ao ano para aplicação do CDB. Assim, a remuneração bruta é: R$52.500,00.

$$R\$250.000 \times (1,10)^2 = R\$250.000 \times 1,21$$
$$R\$302.500,00 - R\$250.000,00 = 52.500,00$$

O imposto de renda do CDB é proporcional ao tempo aplicado, conforme a Tabela 10.1. Para este caso admite-se dois anos de 365 dias, o que posiciona o rendimento na alíquota de 15%. O CDB não possui custo de aquisição, manutenção ou transferência. A Tabela 11.5 apresenta o resultado da simulação.

1	Valor Aplicado	250.000,00
2	Valor Resgatado	302.500,00
3	**Rendimento Bruto**	**52.500,00**
4	Imposto de Renda	7.875,00
5		**44.625,00**

Tabela 11.5 – Rendimentos CDB

Aplicando as equações 11.3 e 11.4 encontra-se rendimento real e relativo.

$$RR = \frac{44.625,00}{1,10775} = 40.284,36$$

$$RBrel = \frac{52.500,00}{250.000,00} \times 100 = 21,00\%$$

$$RLrel = \frac{44.625,00}{250.000,00} \times 100 = 17,85\%$$

$$RRrel = \frac{40.284,36}{250.000,00} \times 100 = 16,11\%$$

O retorno bruto equivale a 21%, a rentabilidade líquida relativa é de 17,85% e o rendimento real relativo é 16,11%. Esta aplicação é favorável, pois as duas condições de aceitação são atendidas.

11.4.5 Debênture

Nesta simulação **João da Silva** aplica seus recursos em Debêntures de uma companhia que paga 7% de juros ao ano. Há ainda custos de aquisição referentes a taxa de corretagem de 0,5% mais R\$25,21, emolumentos de 0,0325% e imposto de renda proporcional ao tempo de aplicação. Neste quesito as debêntures se assemelham as ações.

O rendimento bruto (RB) é calculado da seguinte forma:
R\$250.000 x $(1,07)^2$ = R\$250.000 x 1,1449
R\$286.225,00 − R\$250.000,00 = 36.225,00

A Tabela 11.6 apresenta os cálculos do rendimento líquido.

1	Valor Aplicado	em R$	250.000,00
2	Taxa de Corretagem	[(1) x 0,5%]+25,21	1.275,21
3	Emolumentos	(1) x 0,0325%	81,25
4	Valor do Desembolso		251.356,46
5	Valor Bruto do Restate		286.225,00
6	**Rendimento Bruto**		**36.225,00**
7	Imposto de Renda	15%	5.433,75
8	Custo de Aquisição	(2 + 3)	1.356,46
9	**Rendimento Líquido**		**29.434,79**

Tabela 11.6 – Rendimentos das Debêntures

Aplicando as equações 11.3 e 11.4 encontra-se rendimento real e relativo.

$$RR = \frac{29.434,79}{1,10775} = 26.571,69$$

$$RBrel = \frac{36.225,00}{250.000,00} \times 100 = 14,49\%$$

$$RLrel = \frac{29.434,79}{250.000,00} \times 100 = 11,77\%$$

$$RRrel = \frac{26.571,69}{250.000,00} \times 100 = 10,63\%$$

O retorno bruto equivale a 14,49% do capital aplicado, a rentabilidade líquida relativa é de 11,77% e o rendimento real relativo é 10,63%. Nesta aplicação as condições de aceitação também são atendidas.

11.4.6 Fundo de Investimentos

Nesta simulação supõe-se a aplicação total do capital em um fundo de investimentos DI, pelo prazo de 730 dias a contar de janeiro do ano 1. O valor da quota é de R$10,8933 e com retorno estimado entre 8,5% e 9,3% ao ano. Admite-se taxa de administração de 3,0% e imposto de renda de 15% ao longo do investimento pelo sistema de come-cotas.

A primeira etapa para identificação do rendimento é o cálculo do imposto de renda, que consiste calcular o imposto sobre o rendimento bruto, convertê-lo em cotas e abater do saldo das cotas aplicadas. O saldo restante, após o abatimento do imposto de renda é reaplicado e tributado na próxima data. Este procedimento ocorre nos meses de Maio e Novembro.

No resgate poderá haver taxação complementar em função do prazo da aplicação. As Tabelas 11.7 e 11.8 apresentam este processo.

	Período	Janeiro	Maio	Junho	Novembro	Dezembro
	Estágio	Aplicação 1	Tributação 1	Aplicação 2	Tributação 2	Aplicação 3
1	Valor das Cotas	10,8933	11,2699	11,3465	11,8180	11,9066
2	Valor Aplicado	250.000,00	258.642,93	259.095,64	269.862,27	270.259,34
3	Nº de Cotas	22.949,89	22.949,89	22.834,85	22.834,85	22.698,19
4	Rendimento Bruto		8.642,93		10.766,63	
5	IR 15%		1.296,44		1.614,99	
6	IR em Cotas		115,04		136,66	
7	Rendimento Líquido		7.346.49		9.151,64	
8	Saldo em cotas		22.834,85		22.698,19	

Tabela 11.7 – Fundo de Investimento: Come-Cotas Ano 1

| 215

	Estágio	DEZ. / Ano 1 Aplicação 3	Maio Tributação 3	Junho Aplicação 4	Novembro Tributação 4	Dezembro Resgate
1	Valor das Cotas	11,9066	12,3234	12,4067	12,9187	13,0142
2	Valor Aplicado	270.259,34	279.718,94	280.181,01	291.743,54	292.153,02
3	Nº de Cotas	22.698,19	22.698,19	22.583,04	22.583,04	22.448,78
4	Rendimento Bruto		9.460,61		11.562,52	409,48
5	IR 15%		1.419,09		1.734,38	61,42
6	IR em Cotas		115,15		134,25	4,71
7	Rendimento Líquido		8.041,52		9.828,14	348,06
9	Saldo em Cotas		21.583,04		22.448,78	22.444,06

Tabela 11.8 – Fundo de Investimento: Come-Cotas Ano 2

Depois de identificado o come-cotas, calcula-se os rendimentos bruto, líquido e real. A Tabela 11.9 traz os rendimentos bruto e líquido. O rendimento real e o relativo são calculados conforme as equações 11.3 e 11.4.

1	Valor Aplicado	em R$	250.000,00
2	Valor da Quota na aplicação	em R$	10,8933
3	Nº de Quotas		22.949,8866
4	IR em Quotas		505,82
5	Resgate em Quotas		22.444,0685
6	Valor da Quota no resgate	em R$	13,0142
7	Valor Resgatado		292.091,59
8	**Rendimento Bruto**		**42.091,59**
9	Taxa de Administração	3%	1.262,74
10	**Rendimento Líquido**		**40.828,85**

Tabela 11.9 – Rendimentos Fundo de Investimento

$$RR = \frac{40.828,85}{1,10775} = 36.857,75$$

$$RBrel = \frac{42.091,59}{250.000,00} \times 100 = 16,83\%$$

$$RLrel = \frac{40.828,84}{250.000,00} \times 100 = 16,33\%$$

$$RRrel = \frac{38.857,75}{250.000,00} \times 100 = 14,74\%$$

Os resultados, nas condições apresentadas, indicam que a aplicação em fundo de investimento pode ser aceita, pois o rendimento líquido é positivo e o real supera a inflação.

11.4.7 Imóveis

Nesta simulação **João da Silva** resolveu empregar seu capital na compra de uma casa na praia. Sabe-se que na compra há o desembolso de cerca de 5% do valor do imóvel com a transmissão da propriedade e o registro da escritura. Deste percentual 3% refere-se ao ITBI e o restante não é um valor fixo em função da variação dos preços dos serviços dos cartórios. Além disso, há gastos mensais com a manutenção do imóvel: IPTU R$150,00 e limpeza do imóvel R$200,00, mais gastos de água e luz: R$100,00. Na venda após dois anos há o pagamento da comissão do corretor de 6%.

Os rendimentos bruto e líquido encontram-se na Tabela 11.10 e o rendimento real e os relativos são calculados conforme as equações habituais na sequência.

1	Valor do Imóvel	Compra	250.000,00
2	Valor do Imóvel	Venda	320.000,00
3	**Rendimento Bruto**	**(1) - (2)**	**70.000,00**
4	ITBI	3%	7.500,00
5	Registro	2%	5.000,00
6	IPTU	150,00	3.600,00
7	Manutenção	200,00	4.800,00
8	Serviços de água e Luz	100,00	2.400,00
9	Comissão na Venda	6%	19.200,00
10	**Rendimento Líquido**	**(3) - [Σ(4→10)**	**27.500,00**

Tabela 11.10 – Imóveis: rendimentos

$$RR = \frac{27.500,00}{1,10775} = 24.825,09$$

$$RBrel = \frac{70.000,00}{250.000,00} \times 100 = 28,0\%$$

$$RLrel = \frac{27.500,00}{250.000,00} \times 100 = 11,00\%$$

$$RRrel = \frac{24.825,09}{250.000,00} \times 100 = 9,9\%$$

O retorno bruto equivale a 28,0%, a rentabilidade líquida relativa é de 11,0% e o rendimento real relativo é 9,9%, que torna, nesta simulação, a aplicação em imóveis favorável.

11.4.8 Títulos de Capitalização

Esta simulação pressupõe que **João da Silva** alocou todo o seu capital em títulos de capitalização. Admite-se que a Instituição Financeira empregue 80% para formar a reserva a ser capitalizada e devolvida ao final do período; 10% para compor a cota de sorteio e 10% destina-se a despesas operacionais.

Sobre a reserva incide os juros da poupança e sobre este rendimento tem a tributação do imposto de renda de 20%. Assim, o rendimento bruto se forma pela diferença entre o valor de resgate, já descontado o imposto de renda, e o valor aplicado. Nesta simulação o RB e rendimento líquido são iguais, com o valor de - R$4.764,00, conforme a Tabela 11.11.

Valor Aplicado		250.000,00
Reserva de Capitalização	80%	200.000,00
Quota de Sorteio	10%	25.000,00
Quota de Carregamento	10%	25.000,00
Juros sobre a reserva		23.820,00
Imposto de Renda	20%	4.764,00
Valor do Resgate		245.236,00
Rendimento Bruto	RB	-4.764,00

Tabela 11.11 – Rendimento Título de Capitalização

Aplicando as equações 11.3 e 11.4 encontra-se rendimento real e relativo. No entanto, neste caso a situação é diferente, pois se deve avaliar a perda de valor do capital não aplicado ou não corrigido R$50.000,00.

$$RR = \frac{50.000}{1,10775} = 45.136,54$$

$$RR = 45.136,54 - 50.000,00 = -4.863,46$$

A perda de valor é de R$4.863,46 que é somada ao rendimento negativo de R$4.764,00, perfazendo um valor total de -R$9.627,40.

$$RBrel = \frac{-4.764,00}{250.000,00} \times 100 = -1,90\%$$

$$RRrel = \frac{-9.627,40}{250.000,00} \times 100 = -3,85\%$$

O retorno bruto equivale a -1,90% do capital aplicado e o rendimento real relativo é -3,85%. Os resultados encontrados apontam para uma aplicação totalmente desfavorável: não há liquidez e todos os rendimentos são negativos.

11.4.9 Títulos Públicos

A simulação dos títulos públicos é realizada com o apoio do *site* www.tesourodireto.com.br, considerando um aporte único do capital do **João da Silva** e o tempo de aplicação admitido. Dentre as opções oferecidas, escolhe-se o Tesouro Selic 2025 por estar mais próximo das condições adotadas.

A Tabela 11.12 traz os resultados encontrados. Destaque-se que o imposto de renda é de 15% e a taxa de custódia 2,12%.

Valor Aplicado	250.000,00
Valor Resgatado	313.153,83
Rendimento Bruto	**63.153,83**
Imposto de Renda	9.473,07
Taxa de Custódia	1.341,77
Rendimento Líquido	**52.338,99**

Tabela 11.12 – Rendimentos Títulos Públicos

Aplicando as equações 11.3 e 11.4 encontra-se rendimento real e relativo.

$$RR = \frac{52.338,99}{1,10775} = 47.248,01$$

$$RBrel = \frac{63.153,83}{250.000,00} \times 100 = 25,26\%$$

$$RLrel = \frac{52.338,99}{250.000,00} \times 100 = 20,93\%$$

$$RRrel = \frac{47.248,01}{250.000,00} \times 100 = 18,89\%$$

O retorno bruto equivale a 14,49% do capital aplicado, a rentabilidade líquida relativa é de 11,77% e o rendimento real relativo é 10,63%. Os resultados apresentados apontam para uma aplicação favorável, pois as condições de aceitação são atendidas.

Questões para Revisão e Fixação

1 – Qual a informação dada pelo rendimento real?
2 – Por que o desembolso é diferente do valor da aplicação?
3 – Quando uma aplicação financeira não é viável?
4 – Da. Maria aplicou \$5.000 em CDB por um ano a taxa de 9,5% a.a. Qual o rendimento bruto, líquido e real com uma inflação de 10% no período? A aplicação foi favorável?
5 – Da. Sebastiana aplicou \$300.000 em uma casa. Gastou 5% do valor com ITBI e registro da escritura; pagou IPTU de \$105/ mês. Por um ano o imóvel foi alugado por \$1.200 mensais. Supondo que a inflação tenha sido de 8,7% a.a., este investimento atingiu as condições de aceitação?

REFERÊNCIAS

ANBIMA. www.anbima.com.br

B3. www.b3.com.br

BANCO CENTRAL DO BRASIL. *Síntese dos Padrões Monetários Brasileiros*. Disponível em: <https://www.bcb.gov.br/content/acessoinformacao/museudocs/pub/SintesePadroesMonetariosBrasileiros.pdf> Acesso em: 18/09/2022.

BÖHM BAWERK, Eugene von. *Teoria positiva do capital*. v.1. São Paulo: Nova Cultural, 1986.

BRASIL Secretaria da Receita Federal. *Instrução Normativa SRF nº 162, de 31 de Dezembro de 1998*. Fixa prazo e vida útil e taxas de depreciação dos bens que relaciona. Brasília 31 de Dezembro 1998.

BRASIL. Presidência da República. Lei n. 9069 de 29 de Julho de 1995. **Dispõe sobre o Plano Real, o Sistema Monetário Nacional, estabelece as regras e condições de emissão do REAL e os critérios para conversão das obrigações para o REAL, e dá outras providências.** Disponível em: http://www.planalto.gov.br/ccivil_03/leis/l9069.htm. Acesso em 08/ago./2022.

BRASIL. Senado Federal. *Código Tributário Nacional*. Brasília: Imprensa Oficial, 2000.

BRIGHAM, Eugene e HOUSTON, Joel F. *Fundamentos da Moderna Administração Financeira*. Rio de Janeiro: Campus, 1999.

BRIGHAM, Eugene F. e EHRHARDT, Michael C. *Administração Financeira: teoria e prática*. 3. e. São Paulo: Cengage Learning, 2016.

BRUNI, Adriano Leal. *Avaliação de Investimentos*. 3.e. São Paulo: Atlas, 2018.

CHIAVENATO, Idalberto. *Iniciação à administração da produção*. São Paulo: Makron, 1991.

COMISSÃO DE VALORES MOBILIÁRIOS. www.gov.br/cvm.

DICIONÁRIO DA TV GLOBO. *v.1: programas de dramaturgia & entretenimento*. Rio de Janeiro: Jorge Zahar Editores, 2003.

FACHIN, Odília. *Fundamentos de Metodologia*. 3. e. São Paulo: Saraiva, 2001.

FERREIRA, Aurélio B. de Holanda. *Novo Aurélio Século XXI: o dicionário da língua portuguesa*. Rio de Janeiro: Nova Fronteira, 1999.

FISHER, Irving. *A teoria dos juros*. 2. Ed. São Paulo: Nova Cultural, 1986.

FORTUNA, Eduardo. *Mercado Financeiro: produtos e serviços*. 18.e. Rio de Janeiro: Qualitymark, 2010.

GITMAN, Lawrence J. *Princípios de administração financeira*. 12.e São Paulo: Pearson Prentice Hall, 2010.

GITMAN, Lawrence J. *Princípios de administração financeira*. 3.e São Paulo: Harbra, 1984.

GITMAN, Lawrence J. *Princípios de administração financeira*. 3.e São Paulo: Harbra, 1997.

GRAHAM, Benjamim. *O investidor inteligente*. Rio de Janeiro: Nova Fronteira, 2007.

HAWAWINI, Gabriel e VIALLET, Claude. *Finanças para executivos: gestão para criação de valor*. São Paulo: Cengage Learning, 2009.

HAWKING, Stephen. *O universo numa casca de noz*. Rio de Janeiro: Intrínseca, 2016.

HAWKING, Stephen. *Uma breve história do tempo*. Rio de Janeiro: Intrínseca, 2015.

HEBREUS. In: *Bíblia Sagrada*. 32.e. São Paulo: Edições Paulinas, 1974.

HICKS, John. *Valor e capital*. 2. ed. São Paulo: Nova Cultural, 1987.

HIRSCHFELD, Henrique. **Engenharia econômica e análise de custos**. 7.e. São Paulo: Atlas, 2010.

HOUAISS, Antônio e VILLAR, Mauro Salles. *Dicionário Houaiss da Língua Portuguesa*. Rio de Janeiro: Objetiva, 2001.

HUMMEL, Paulo R. Vampré e TASCHNER, Mauro R. Black. *Análise e decisão sobre investimentos e financiamentos*. 3. e. São Paulo: Atlas, 1992.

IUDÍCIBUS, Sérgio de, MARTINS, Eliseu, GELBCKE, Ernesto R. e SANTOS, Ariovaldo dos. *Manual de Contabilidade Societária*. São Paulo: Atlas, 2010.

IUDÍCIBUS, Sérgio de. *Teoria da Contabilidade*. 5. e. São Paulo: Atlas, 1997.

MARION, José Carlos. *Contabilidade básica*. 11. e. São Paulo: Atlas, 2015.

MARONI NETO, Ricardo. *Elementos de macroeconomia*. Osasco – SP: Edifieo, 2015.

MARONI NETO, Ricardo. Resultado econômico: o modelo dos fatores ambientais. *Revista Alvares Penteado*. V. 4. n. 9. Agosto 2002. p. 55-73.

MATHIAS, Washington F. e GOMES, José Maria. *Matemática Financeira*. São Paulo: Atlas, 1982.

MATHIAS, Washington F. e GOMES, José Maria. *Matemática Financeira*. 6. e. São Paulo: Atlas, 2016.

MINSKY, Hyman P. *Estabilizando uma economia instável*. 2. e. Osasco – SP: Novo Século Editora, 2013.

NEVES, Cesar das. *Análise de Investimento: projetos industriais e engenharia econômica*. Rio de Janeiro: Editora Guanabara, 1982.

PINHO, Diva B., VASCONCELLOS, Marco A. S. de e TONETO JÚNIOR, Rudinei (Org.) *Manual de economia*. 6.e. São Paulo: Atlas, 2011.

REILLY, Frank K. e NORTON, Edgar A. *Investimentos*. São Paulo: Cengage Learning, 2008.

ROSS, Stephen A., WESTERFIELD, Randolph W., JORDAN, Bradford D. *Administração Financeira*. 8. e. São Paulo: VULGraw Hill, 2008.

RUDGE, Luiz Fernando. *Dicionário de termos financeiros*. São Paulo: Santander, 2003.

SANDRONI, Paulo. *Dicionário de Economia do Século XXI*. Rio de Janeiro: Record, 2005.

SAVAGE, Christopher I. e SMALL, John R. *Economia para executivos*. Rio de Janeiro: LITEC, 1979.

SHARPE, William F. *Investments*. 3. e. Englewoods /cliffs, NJ: Prentice Hall, 1985.

ZANATTA, Dilson e MARONI NETO, Ricardo. Algumas considerações sobre o planejamento tributário: uma comparação por meio de simulação entre o SIMPLES, Lucro Presumido e o Lucro Real. *Revista de Ciências Gerenciais*, Valinhos, n. 12, V. X, 143, p. 16-24, 2006.

APÊNDICE A – JUROS SIMPLES X JUROS COMPOSTOS

	Juros Simples	Juros Compostos
Conceito	Regime de capitalização de juros que ocorre de forma linear. Os juros incidem somente sobre o capital inicial.	Regime de capitalização no qual os juros incidem sobre o saldo da operação, o que inclui o capital mais juros do período anterior. Desta forma, a capitalização ocorre de forma exponencial.
Objetivo	Aplicação limitada, são raras as operações financeiras que formam seus juros por capitalização linear, geralmente de curto prazo	Adotado por todo o mercado financeiro.
Valor Futuro	$Cf = Co + (Co.i.n)$	$Cf = Co.(1+i)^n$
Valor Presente	$Co = \dfrac{Cf}{i.n}$	$Cf = \dfrac{Co}{1+i)^n}$
Juros	$J = Cf - Co$	$J = Cf - Co$
Taxa de Juros	$i = \dfrac{J}{Co.i.n}$	$i = {}^n\sqrt{(Cf / Co)} - 1]$
Taxas Equi-valentes	$ie = \dfrac{i}{n}$	$ie = (1 + i)^{1/n}$
Desconto Racional	$D_r = \dfrac{N}{(1+i.n)}$	$D_r = N\left[1 - \dfrac{1}{(1 +i)^n} \right]$
Desconto Comercial	$D_r = \dfrac{N}{(1+i.n)}$	$D_c = N\left[1-(1-i)^n\right]$
Desconto Bancário	$D_b = N(in+h)$	$D_b = N\{1-[1-(i+h)^n]\}$

Onde:

D = Desconto N = Valor Nominal h = Taxa de administração bancária

Análise de Investimentos Econômicos e Financeiros

APÊNDICE B – TABELAS FINANCEIRAS

As Tabelas Financeiras apresentam os Fatores de Acumulação de Capital para três circunstâncias:

a) para valor futuro de um pagamento único $(1 +i)^n$;

b) para valor atual de uma anuidade $a_{n,i}$;

c) para valor futuro de uma anuidade $S_{n,i}$.

Maiores informações sobre a aplicação desses fatores e sobre o detalhamento das fórmulas consultar o capítulo 6.

Como consultar as Tabelas

Após identificar qual o fator que deve ser empregado para solucionar o problema e alinhados i e n em uma mesma base temporal procurar a taxa de juros no alto das páginas em seguida procurar na coluna do **n** o período correspondente.

Por exemplo, qual o fator de acumulação para o valor futuro de um pagamento único com i =0,5% a.m. por 8 anos?

8 anos equivale a 96 meses, então na primeira tabela de i = 0,5%, procurar n = 96. Na coluna referente a $(1 + i)^n$, tem-se 1,6141, que a informação que responde à pergunta.

n	$(1+i)^n$	$a_{n,i}$	$S_{n,i}$	$i = 0,5\%$ n	$(1+i)^n$	$a_{n,i}$	$S_{n,i}$
1	1,0050	0,9950	1,0000	26	1,1385	24,3240	27,6919
2	1,0100	1,9851	2,0050	27	1,1442	25,1980	28,8304
3	1,0151	2,9702	3,0150	28	1,1499	26,0677	29,9745
4	1,0202	3,9505	4,0301	29	1,1556	26,9330	31,1244
5	1,0253	4,9259	5,0503	30	1,1614	27,7941	32,2800
6	1,0304	5,8964	6,0755	31	1,1672	28,6508	33,4414
7	1,0355	6,8621	7,1059	32	1,1730	29,5033	34,6086
8	1,0407	7,8230	8,1414	33	1,1789	30,3515	35,7817
9	1,0459	8,7791	9,1821	34	1,1848	31,1955	36,9606
10	1,0511	9,7304	10,2280	35	1,1907	32,0354	38,1454
11	1,0564	10,6770	11,2792	36	1,1967	32,8710	39,3361
12	1,0617	11,6189	12,3356	40	1,2208	36,1722	44,1588
13	1,0670	12,5562	13,3972	42	1,2330	37,7983	46,6065
14	1,0723	13,4887	14,4642	45	1,2516	40,2072	50,3242
15	1,0777	14,4166	15,5365	48	1,2705	42,5803	54,0978
16	1,0831	15,3399	16,6142	50	1,2832	44,1428	56,6452
17	1,0885	16,2586	17,6973	54	1,3091	47,2214	61,8167
18	1,0939	17,1728	18,7858	60	1,3489	51,7256	69,7700
19	1,0994	18,0824	19,8797	66	1,3898	56,0970	77,9650
20	1,1049	18,9874	20,9791	72	1,4320	60,3395	86,4089
21	1,1104	19,8880	22,0840	78	1,4755	64,4570	95,1092
22	1,1160	20,7841	23,1944	90	1,5666	72,3313	113,3109
23	1,1216	21,6757	24,3104	96	1,6141	76,0952	122,8285
24	1,1272	22,5629	25,4320	114	1,7658	86,7342	153,1515
25	1,1328	23,4456	26,5591	120	1,8194	90,0735	163,8793

Análise de Investimentos Econômicos e Financeiros

			i	=	1,0%		
n	$(1+i)^n$	$a_{n,i}$	$S_{n,i}$	n	$(1+i)n$	$a_{n,i}$	$S_{n,i}$
1	1,0100	0,9901	1,0000	26	1,2953	22,7952	29,5256
2	1,0201	1,9704	2,0100	27	1,3082	23,5596	30,8209
3	1,0303	2,9410	3,0301	28	1,3213	24,3164	32,1291
4	1,0406	3,9020	4,0604	29	1,3345	25,0658	33,4504
5	1,0510	4,8534	5,1010	30	1,3478	25,8077	34,7849
6	1,0615	5,7955	6,1520	31	1,3613	26,5423	36,1327
7	1,0721	6,7282	7,2135	32	1,3749	27,2696	37,4941
8	1,0829	7,6517	8,2857	33	1,3887	27,9897	38,8690
9	1,0937	8,5660	9,3685	34	1,4026	28,7027	40,2577
10	1,1046	9,4713	10,4622	35	1,4166	29,4086	41,6603
11	1,1157	10,3676	11,5668	36	1,4308	30,1075	43,0769
12	1,1268	11,2551	12,6825	40	1,4889	32,8347	48,8864
13	1,1381	12,1337	13,8093	42	1,5188	34,1581	51,8790
14	1,1495	13,0037	14,9474	45	1,5648	36,0945	56,4811
15	1,1610	13,8651	16,0969	48	1,6122	37,9740	61,2226
16	1,1726	14,7179	17,2579	50	1,6446	39,1961	64,4632
17	1,1843	15,5623	18,4304	54	1,7114	41,5687	71,1410
18	1,1961	16,3983	19,6147	60	1,8167	44,9550	81,6697
19	1,2081	17,2260	20,8109	66	1,9285	48,1452	92,8460
20	1,2202	18,0456	22,0190	72	2,0471	51,1504	104,7099
21	1,2324	18,8570	23,2392	78	2,1730	53,9815	117,3037
22	1,2447	19,6604	24,4716	90	2,4486	59,1609	144,8633
23	1,2572	20,4558	25,7163	96	2,5993	61,5277	159,9273
24	1,2697	21,2434	26,9735	114	3,1091	67,8365	210,9114
25	1,2824	22,0232	28,2432	120	3,3004	69,7005	230,0387

n	$(1+i)^n$	$a_{n,i}$	$S_{n,i}$		n	$(1+i)^n$	$a_{n,i}$	$S_{n,i}$
			$i = 1,5\%$					
1	1,0150	0,9852	1,0000		26	1,4727	21,3986	31,5140
2	1,0302	1,9559	2,0150		27	1,4948	22,0676	32,9867
3	1,0457	2,9122	3,0452		28	1,5172	22,7267	34,4815
4	1,0614	3,8544	4,0909		29	1,5400	23,3761	35,9987
5	1,0773	4,7826	5,1523		30	1,5631	24,0158	37,5387
6	1,0934	5,6972	6,2296		31	1,5865	24,6461	39,1018
7	1,1098	6,5982	7,3230		32	1,6103	25,2671	40,6883
8	1,1265	7,4859	8,4328		33	1,6345	25,8790	42,2986
9	1,1434	8,3605	9,5593		34	1,6590	26,4817	43,9331
10	1,1605	9,2222	10,7027		35	1,6839	27,0756	45,5921
11	1,1779	10,0711	11,8633		36	1,7091	27,6607	47,2760
12	1,1956	10,9075	13,0412		40	1,8140	29,9158	54,2679
13	1,2136	11,7315	14,2368		42	1,8688	30,9941	57,9231
14	1,2318	12,5434	15,4504		45	1,9542	32,5523	63,6142
15	1,2502	13,3432	16,6821		48	2,0435	34,0426	69,5652
16	1,2690	14,1313	17,9324		50	2,1052	34,9997	73,6828
17	1,2880	14,9076	19,2014		54	2,2344	36,8305	82,2952
18	1,3073	15,6726	20,4894		60	2,4432	39,3803	96,2147
19	1,3270	16,4262	21,7967		66	2,6715	41,7121	111,4348
20	1,3469	17,1686	23,1237		72	2,9212	43,8447	128,0772
21	1,3671	17,9001	24,4705		78	3,1941	45,7950	146,2747
22	1,3876	18,6208	25,8376		90	3,8189	49,2099	187,9299
23	1,4084	19,3309	27,2251		96	4,1758	50,7017	211,7202
24	1,4295	20,0304	28,6335		114	5,4592	54,4549	297,2798
25	1,4509	20,7196	30,0630		120	5,9693	55,4985	331,2882

Análise de Investimentos Econômicos e Financeiros

n	$(1+i)^n$	$a_{n,i}$	$S_{n,i}$	n	$(1+i)^n$	$a_{n,i}$	$S_{n,i}$
			$i = 2,0\%$				
1	1,0200	0,9804	1,0000	26	1,6734	20,1210	33,6709
2	1,0404	1,9416	2,0200	27	1,7069	20,7069	35,3443
3	1,0612	2,8839	3,0604	28	1,7410	21,2813	37,0512
4	1,0824	3,8077	4,1216	29	1,7758	21,8444	38,7922
5	1,1041	4,7135	5,2040	30	1,8114	22,3965	40,5681
6	1,1262	5,6014	6,3081	31	1,8476	22,9377	42,3794
7	1,1487	6,4720	7,4343	32	1,8845	23,4683	44,2270
8	1,1717	7,3255	8,5830	33	1,9222	23,9886	46,1116
9	1,1951	8,1622	9,7546	34	1,9607	24,4986	48,0338
10	1,2190	8,9826	10,9497	35	1,9999	24,9986	49,9945
11	1,2434	9,7868	12,1687	36	2,0399	25,4888	51,9944
12	1,2682	10,5753	13,4121	40	2,2080	27,3555	60,4020
13	1,2936	11,3484	14,6803	42	2,2972	28,2348	64,8622
14	1,3195	12,1062	15,9739	45	2,4379	29,4902	71,8927
15	1,3459	12,8493	17,2934	48	2,5871	30,6731	79,3535
16	1,3728	13,5777	18,6393	50	2,6916	31,4236	84,5794
17	1,4002	14,2919	20,0121	54	2,9135	32,8383	95,6731
18	1,4282	14,9920	21,4123	60	3,2810	34,7609	114,0515
19	1,4568	15,6785	22,8406	66	3,6950	36,4681	134,7487
20	1,4859	16,3514	24,2974	72	4,1611	37,9841	158,0570
21	1,5157	17,0112	25,7833	78	4,6861	39,3302	184,3060
22	1,5460	17,6580	27,2990	90	5,9431	41,5869	247,1567
23	1,5769	18,2922	28,8450	96	6,6929	42,5294	284,6467
24	1,6084	18,9139	30,4219	114	9,5592	44,7694	427,9578
25	1,6406	19,5235	32,0303	120	10,7652	45,3554	488,2582

n	$(1+i)^n$	$a_{n,i}$	$S_{n,i}$		n	$(1+i)n$	a n,i	S n,i
				$i = 2{,}5\%$				
1	1,0250	0,9756	1,0000		26	1,9003	18,9506	36,0117
2	1,0506	1,9274	2,0250		27	1,9478	19,4640	37,9120
3	1,0769	2,8560	3,0756		28	1,9965	19,9649	39,8598
4	1,1038	3,7620	4,1525		29	2,0464	20,4535	41,8563
5	1,1314	4,6458	5,2563		30	2,0976	20,9303	43,9027
6	1,1597	5,5081	6,3877		31	2,1500	21,3954	46,0003
7	1,1887	6,3494	7,5474		32	2,2038	21,8492	48,1503
8	1,2184	7,1701	8,7361		33	2,2589	22,2919	50,3540
9	1,2489	7,9709	9,9545		34	2,3153	22,7238	52,6129
10	1,2801	8,7521	11,2034		35	2,3732	23,1452	54,9282
11	1,3121	9,5142	12,4835		36	2,4325	23,5563	57,3014
12	1,3449	10,2578	13,7956		40	2,6851	25,1028	67,4026
13	1,3785	10,9832	15,1404		42	2,8210	25,8206	72,8398
14	1,4130	11,6909	16,5190		45	3,0379	26,8330	81,5161
15	1,4483	12,3814	17,9319		48	3,2715	27,7732	90,8596
16	1,4845	13,0550	19,3802		50	3,4371	28,3623	97,4843
17	1,5216	13,7122	20,8647		54	3,7939	29,4568	111,7570
18	1,5597	14,3534	22,3863		60	4,3998	30,9087	135,9916
19	1,5987	14,9789	23,9460		66	5,1024	32,1606	164,0963
20	1,6386	15,5892	25,5447		72	5,9172	33,2401	196,6891
21	1,6796	16,1845	27,1833		78	6,8622	34,1709	234,4868
22	1,7216	16,7654	28,8629		90	9,2289	35,6658	329,1543
23	1,7646	17,3321	30,5844		96	10,7026	36,2626	388,1058
24	1,8087	17,8850	32,3490		114	16,6925	37,6037	627,6989
25	1,8539	18,4244	34,1578		120	19,3581	37,9337	734,3260

Análise de Investimentos Econômicos e Financeiros

			i = 3,0%				
n	$(1+i)^n$	$a_{n,i}$	$S_{n,i}$	n	$(1+i)^n$	$a_{n,i}$	$S_{n,i}$
1	1,0300	0,9709	1,0000	26	2,1566	17,8768	38,5530
2	1,0609	1,9135	2,0300	27	2,2213	18,3270	40,7096
3	1,0927	2,8286	3,0909	28	2,2879	18,7641	42,9309
4	1,1255	3,7171	4,1836	29	2,3566	19,1885	45,2189
5	1,1593	4,5797	5,3091	30	2,4273	19,6004	47,5754
6	1,1941	5,4172	6,4684	31	2,5001	20,0004	50,0027
7	1,2299	6,2303	7,6625	32	2,5751	20,3888	52,5028
8	1,2668	7,0197	8,8923	33	2,6523	20,7658	55,0778
9	1,3048	7,7861	10,1591	34	2,7319	21,1318	57,7302
10	1,3439	8,5302	11,4639	35	2,8139	21,4872	60,4621
11	1,3842	9,2526	12,8078	36	2,8983	21,8323	63,2759
12	1,4258	9,9540	14,1920	40	3,2620	23,1148	75,4013
13	1,4685	10,6350	15,6178	42	3,4607	23,7014	82,0232
14	1,5126	11,2961	17,0863	45	3,7816	24,5187	92,7199
15	1,5580	11,9379	18,5989	48	4,1323	25,2667	104,4084
16	1,6047	12,5611	20,1569	50	4,3839	25,7298	112,7969
17	1,6528	13,1661	21,7616	54	4,9341	26,5777	131,1375
18	1,7024	13,7535	23,4144	60	5,8916	27,6756	163,0534
19	1,7535	14,3238	25,1169	66	7,0349	28,5950	201,1627
20	1,8061	14,8775	26,8704	72	8,4000	29,3651	246,6672
21	1,8603	15,4150	28,6765	78	10,0301	30,0100	301,0020
22	1,9161	15,9369	30,5368	90	14,3005	31,0024	443,3489
23	1,9736	16,4436	32,4529	96	17,0755	31,3812	535,8502
24	2,0328	16,9355	34,4265	114	29,0699	32,1867	935,6635
25	2,0938	17,4131	36,4593	120	34,7110	32,3730	1.123,6996

n	$(1+i)^n$	$a_{n,i}$	$S_{n,i}$		n	$(1+i)^n$	$a_{n,i}$	$S_{n,i}$
				$i = 3,5\%$				
1	1,0350	0,9662	1,0000		26	2,4460	16,8904	41,3131
2	1,0712	1,8997	2,0350		27	2,5316	17,2854	43,7591
3	1,1087	2,8016	3,1062		28	2,6202	17,6670	46,2906
4	1,1475	3,6731	4,2149		29	2,7119	18,0358	48,9108
5	1,1877	4,5151	5,3625		30	2,8068	18,3920	51,6227
6	1,2293	5,3286	6,5502		31	2,9050	18,7363	54,4295
7	1,2723	6,1145	7,7794		32	3,0067	19,0689	57,3345
8	1,3168	6,8740	9,0517		33	3,1119	19,3902	60,3412
9	1,3629	7,6077	10,3685		34	3,2209	19,7007	63,4532
10	1,4106	8,3166	11,7314		35	3,3336	20,0007	66,6740
11	1,4600	9,0016	13,1420		36	3,4503	20,2905	70,0076
12	1,5111	9,6633	14,6020		40	3,9593	21,3551	84,5503
13	1,5640	10,3027	16,1130		42	4,2413	21,8349	92,6074
14	1,6187	10,9205	17,6770		45	4,7024	22,4955	105,7817
15	1,6753	11,5174	19,2957		48	5,2136	23,0912	120,3883
16	1,7340	12,0941	20,9710		50	5,5849	23,4556	130,9979
17	1,7947	12,6513	22,7050		54	6,4088	24,1133	154,5381
18	1,8575	13,1897	24,4997		60	7,8781	24,9447	196,5169
19	1,9225	13,7098	26,3572		66	9,6842	25,6211	248,1196
20	1,9898	14,2124	28,2797		72	11,9043	26,1713	311,5525
21	2,0594	14,6980	30,2695		78	14,6335	26,6190	389,5277
22	2,1315	15,1671	32,3289		90	22,1122	27,2793	603,2050
23	2,2061	15,6204	34,4604		96	27,1815	27,5203	748,0431
24	2,2833	16,0584	36,6665		114	50,4894	28,0055	1.413,9818
25	2,3632	16,4815	38,9499		120	62,0643	28,1111	1.744,6947

Análise de Investimentos Econômicos e Financeiros

			i = 4,0%			
n	$(1+i)^n$	$a_{n,i}$	$S_{n,i}$	n	$(1+i)^n$	$a_{n,i}$	$S_{n,i}$
1	1,0400	0,9615	1,0000	26	2,7725	15,9828	44,3117
2	1,0816	1,8861	2,0400	27	2,8834	16,3296	47,0842
3	1,1249	2,7751	3,1216	28	2,9987	16,6631	49,9676
4	1,1699	3,6299	4,2465	29	3,1187	16,9837	52,9663
5	1,2167	4,4518	5,4163	30	3,2434	17,2920	56,0849
6	1,2653	5,2421	6,6330	31	3,3731	17,5885	59,3283
7	1,3159	6,0021	7,8983	32	3,5081	17,8736	62,7015
8	1,3686	6,7327	9,2142	33	3,6484	18,1476	66,2095
9	1,4233	7,4353	10,5828	34	3,7943	18,4112	69,8579
10	1,4802	8,1109	12,0061	35	3,9461	18,6646	73,6522
11	1,5395	8,7605	13,4864	36	4,1039	18,9083	77,5983
12	1,6010	9,3851	15,0258	40	4,8010	19,7928	95,0255
13	1,6651	9,9856	16,6268	42	5,1928	20,1856	104,8196
14	1,7317	10,5631	18,2919	45	5,8412	20,7200	121,0294
15	1,8009	11,1184	20,0236	48	6,5705	21,1951	139,2632
16	1,8730	11,6523	21,8245	50	7,1067	21,4822	152,6671
17	1,9479	12,1657	23,6975	54	8,3138	21,9930	182,8454
18	2,0258	12,6593	25,6454	60	10,5196	22,6235	237,9907
19	2,1068	13,1339	27,6712	66	13,3107	23,1218	307,7671
20	2,1911	13,5903	29,7781	72	16,8423	23,5156	396,0566
21	2,2788	14,0292	31,9692	78	21,3108	23,8269	507,7709
22	2,3699	14,4511	34,2480	90	34,1193	24,2673	827,9833
23	2,4647	14,8568	36,6179	96	43,1718	24,4209	1.054,2960
24	2,5633	15,2470	39,0826	114	87,4582	24,7141	2.161,4557
25	2,6658	15,6221	41,6459	120	110,6626	24,7741	2.741,5640

236 |

n	$(1+i)^n$	$a_{n,i}$	$S_{n,i}$		n	$(1+i)^n$	$a_{n,i}$	$S_{n,i}$
			$i = 4,5\%$					
1	1,0450	0,9569	1,0000		26	3,1407	15,1466	47,5706
2	1,0920	1,8727	2,0450		27	3,2820	15,4513	50,7113
3	1,1412	2,7490	3,1370		28	3,4297	15,7429	53,9933
4	1,1925	3,5875	4,2782		29	3,5840	16,0219	57,4230
5	1,2462	4,3900	5,4707		30	3,7453	16,2889	61,0071
6	1,3023	5,1579	6,7169		31	3,9139	16,5444	64,7524
7	1,3609	5,8927	8,0192		32	4,0900	16,7889	68,6662
8	1,4221	6,5959	9,3800		33	4,2740	17,0229	72,7562
9	1,4861	7,2688	10,8021		34	4,4664	17,2468	77,0303
10	1,5530	7,9127	12,2882		35	4,6673	17,4610	81,4966
11	1,6229	8,5289	13,8412		36	4,8774	17,6660	86,1640
12	1,6959	9,1186	15,4640		40	5,8164	18,4016	107,0303
13	1,7722	9,6829	17,1599		42	6,3516	18,7235	118,9248
14	1,8519	10,2228	18,9321		45	7,2482	19,1563	138,8500
15	1,9353	10,7395	20,7841		48	8,2715	19,5356	161,5879
16	2,0224	11,2340	22,7193		50	9,0326	19,7620	178,5030
17	2,1134	11,7072	24,7417		54	10,7716	20,1592	217,1464
18	2,2085	12,1600	26,8551		60	14,0274	20,6380	289,4980
19	2,3079	12,5933	29,0636		66	18,2673	21,0057	383,7185
20	2,4117	13,0079	31,3714		72	23,7888	21,2881	506,4182
21	2,5202	13,4047	33,7831		78	30,9792	21,5049	666,2052
22	2,6337	13,7844	36,3034		90	52,5371	21,7992	1.145,2690
23	2,7522	14,1478	38,9370		96	68,4170	21,8974	1.498,1551
24	2,8760	14,4955	41,6892		114	151,0974	22,0752	3.335,4987
25	3,0054	14,8282	44,5652		120	196,7682	22,1093	4.350,4038

Análise de Investimentos Econômicos e Financeiros

			i	=	5,0%			
n	$(1+i)^n$	$a_{n,i}$	$S_{n,i}$		n	$(1+i)^n$	$a_{n,i}$	$S_{n,i}$
1	1,0500	0,9524	1,0000		26	3,5557	14,3752	51,1135
2	1,1025	1,8594	2,0500		27	3,7335	14,6430	54,6691
3	1,1576	2,7232	3,1525		28	3,9201	14,8981	58,4026
4	1,2155	3,5460	4,3101		29	4,1161	15,1411	62,3227
5	1,2763	4,3295	5,5256		30	4,3219	15,3725	66,4388
6	1,3401	5,0757	6,8019		31	4,5380	15,5928	70,7608
7	1,4071	5,7864	8,1420		32	4,7649	15,8027	75,2988
8	1,4775	6,4632	9,5491		33	5,0032	16,0025	80,0638
9	1,5513	7,1078	11,0266		34	5,2533	16,1929	85,0670
10	1,6289	7,7217	12,5779		35	5,5160	16,3742	90,3203
11	1,7103	8,3064	14,2068		36	5,7918	16,5469	95,8363
12	1,7959	8,8633	15,9171		40	7,0400	17,1591	120,7998
13	1,8856	9,3936	17,7130		42	7,7616	17,4232	135,2318
14	1,9799	9,8986	19,5986		45	8,9850	17,7741	159,7002
15	2,0789	10,3797	21,5786		48	10,4013	18,0772	188,0254
16	2,1829	10,8378	23,6575		50	11,4674	18,2559	209,3480
17	2,2920	11,2741	25,8404		54	13,9387	18,5651	258,7739
18	2,4066	11,6896	28,1324		60	18,6792	18,9293	353,5837
19	2,5270	12,0853	30,5390		66	25,0319	19,2010	480,6379
20	2,6533	12,4622	33,0660		72	33,5451	19,4038	650,9027
21	2,7860	12,8212	35,7193		78	44,9537	19,5551	879,0738
22	2,9253	13,1630	38,5052		90	80,7304	19,7523	1.594,6073
23	3,0715	13,4886	41,4305		96	108,1864	19,8151	2.143,7282
24	3,2251	13,7986	44,5020		114	260,3635	19,9232	5.187,2699
25	3,3864	14,0939	47,7271		120	348,9120	19,9427	6.958,2397

n	$(1+i)^n$	$a_{n,i}$	$S_{n,i}$		n	$(1+i)^n$	$a_{n,i}$	$S_{n,i}$
				$i = 6,0\%$				
1	1,0600	0,9434	1,0000		26	4,5494	13,0032	59,1564
2	1,1236	1,8334	2,0600		27	4,8223	13,2105	63,7058
3	1,1910	2,6730	3,1836		28	5,1117	13,4062	68,5281
4	1,2625	3,4651	4,3746		29	5,4184	13,5907	73,6398
5	1,3382	4,2124	5,6371		30	5,7435	13,7648	79,0582
6	1,4185	4,9173	6,9753		31	6,0881	13,9291	84,8017
7	1,5036	5,5824	8,3938		32	6,4534	14,0840	90,8898
8	1,5938	6,2098	9,8975		33	6,8406	14,2302	97,3432
9	1,6895	6,8017	11,4913		34	7,2510	14,3681	104,1838
10	1,7908	7,3601	13,1808		35	7,6861	14,4982	111,4348
11	1,8983	7,8869	14,9716		36	8,1473	14,6210	119,1209
12	2,0122	8,3838	16,8699		40	10,2857	15,0463	154,7620
13	2,1329	8,8527	18,8821		42	11,5570	15,2245	175,9505
14	2,2609	9,2950	21,0151		45	13,7646	15,4558	212,7435
15	2,3966	9,7122	23,2760		48	16,3939	15,6500	256,5645
16	2,5404	10,1059	25,6725		50	18,4202	15,7619	290,3359
17	2,6928	10,4773	28,2129		54	23,2550	15,9500	370,9170
18	2,8543	10,8276	30,9057		60	32,9877	16,1614	533,1282
19	3,0256	11,1581	33,7600		66	46,7937	16,3105	763,2278
20	3,2071	11,4699	36,7856		72	66,3777	16,4156	1.089,6286
21	3,3996	11,7641	39,9927		78	94,1581	16,4897	1.552,6343
22	3,6035	12,0416	43,3923		90	189,4645	16,5787	3.141,0752
23	3,8197	12,3034	46,9958		96	268,7590	16,6047	4.462,6505
24	4,0489	12,5504	50,8156		114	767,1294	16,6449	12.768,8237
25	4,2919	12,7834	54,8645		120	1.088,1877	16,6514	18.119,7958

			i	=	7,0%			
n	$(1+i)^n$	$a_{n,i}$	$S_{n,i}$		n	$(1+i)^n$	$a_{n,i}$	$S_{n,i}$
1	1,0700	0,9346	1,0000		26	5,8074	11,8258	68,6765
2	1,1449	1,8080	2,0700		27	6,2139	11,9867	74,4838
3	1,2250	2,6243	3,2149		28	6,6488	12,1371	80,6977
4	1,3108	3,3872	4,4399		29	7,1143	12,2777	87,3465
5	1,4026	4,1002	5,7507		30	7,6123	12,4090	94,4608
6	1,5007	4,7665	7,1533		31	8,1451	12,5318	102,0730
7	1,6058	5,3893	8,6540		32	8,7153	12,6466	110,2182
8	1,7182	5,9713	10,2598		33	9,3253	12,7538	118,9334
9	1,8385	6,5152	11,9780		34	9,9781	12,8540	128,2588
10	1,9672	7,0236	13,8164		35	10,6766	12,9477	138,2369
11	2,1049	7,4987	15,7836		36	11,4239	13,0352	148,9135
12	2,2522	7,9427	17,8885		40	14,9745	13,3317	199,6351
13	2,4098	8,3577	20,1406		42	17,1443	13,4524	230,6322
14	2,5785	8,7455	22,5505		45	21,0025	13,6055	285,7493
15	2,7590	9,1079	25,1290		48	25,7289	13,7305	353,2701
16	2,9522	9,4466	27,8881		50	29,4570	13,8007	406,5289
17	3,1588	9,7632	30,8402		54	38,6122	13,9157	537,3164
18	3,3799	10,0591	33,9990		60	57,9464	14,0392	813,5204
19	3,6165	10,3356	37,3790		66	86,9620	14,1214	1.228,0280
20	3,8697	10,5940	40,9955		72	130,5065	14,1763	1.850,0922
21	4,1406	10,8355	44,8652		78	195,8550	14,2128	2.783,6428
22	4,4304	11,0612	49,0057		90	441,1030	14,2533	6.287,1854
23	4,7405	11,2722	53,4361		96	661,9766	14,2641	9.442,5233
24	5,0724	11,4693	58,1767		114	2.237,4362	14,2793	31.949,0883
25	5,4274	11,6536	63,2490		120	3.357,7884	14,2815	47.954,1198

n	$(1+i)^n$	$a_{n,i}$	$S_{n,i}$		n	$(1+i)^n$	$a_{n,i}$	$S_{n,i}$
			$i = 8,0\%$					
1	1,0800	0,9259	1,0000		26	7,3964	10,8100	79,9544
2	1,1664	1,7833	2,0800		27	7,9881	10,9352	87,3508
3	1,2597	2,5771	3,2464		28	8,6271	11,0511	95,3388
4	1,3605	3,3121	4,5061		29	9,3173	11,1584	103,9659
5	1,4693	3,9927	5,8666		30	10,0627	11,2578	113,2832
6	1,5869	4,6229	7,3359		31	10,8677	11,3498	123,3459
7	1,7138	5,2064	8,9228		32	11,7371	11,4350	134,2135
8	1,8509	5,7466	10,6366		33	12,6760	11,5139	145,9506
9	1,9990	6,2469	12,4876		34	13,6901	11,5869	158,6267
10	2,1589	6,7101	14,4866		35	14,7853	11,6546	172,3168
11	2,3316	7,1390	16,6455		36	15,9682	11,7172	187,1021
12	2,5182	7,5361	18,9771		40	21,7245	11,9246	259,0565
13	2,7196	7,9038	21,4953		42	25,3395	12,0067	304,2435
14	2,9372	8,2442	24,2149		45	31,9204	12,1084	386,5056
15	3,1722	8,5595	27,1521		48	40,2106	12,1891	490,1322
16	3,4259	8,8514	30,3243		50	46,9016	12,2335	573,7702
17	3,7000	9,1216	33,7502		54	63,8091	12,3041	785,1141
18	3,9960	9,3719	37,4502		60	101,2571	12,3766	1.253,2133
19	4,3157	9,6036	41,4463		66	160,6822	12,4222	1.996,0279
20	4,6610	9,8181	45,7620		72	254,9825	12,4510	3.174,7814
21	5,0338	10,0168	50,4229		78	404,6252	12,4691	5.045,3150
22	5,4365	10,2007	55,4568		90	1.018,9151	12,4877	12.723,9386
23	5,8715	10,3711	60,8933		96	1.616,8902	12,4923	20.198,6274
24	6,3412	10,5288	66,7648		114	6.461,1247	12,4981	80.751,5592
25	6,8485	10,6748	73,1059		120	10.252,9929	12,4988	128.149,9118

Análise de Investimentos Econômicos e Financeiros

			i	=	$9{,}0\%$		
n	**$(1+i)^n$**	**$a_{n,i}$**	**$S_{n,i}$**		**n**	**$(1+i)^n$**	**$a_{n,i}$**	**$S_{n,i}$**
1	1,0900	0,9174	1,0000		26	9,3992	9,9290	93,3240
2	1,1881	1,7591	2,0900		27	10,2451	10,0266	102,7231
3	1,2950	2,5313	3,2781		28	11,1671	10,1161	112,9682
4	1,4116	3,2397	4,5731		29	12,1722	10,1983	124,1354
5	1,5386	3,8897	5,9847		30	13,2677	10,2737	136,3075
6	1,6771	4,4859	7,5233		31	14,4618	10,3428	149,5752
7	1,8280	5,0330	9,2004		32	15,7633	10,4062	164,0370
8	1,9926	5,5348	11,0285		33	17,1820	10,4644	179,8003
9	2,1719	5,9952	13,0210		34	18,7284	10,5178	196,9823
10	2,3674	6,4177	15,1929		35	20,4140	10,5668	215,7108
11	2,5804	6,8052	17,5603		36	22,2512	10,6118	236,1247
12	2,8127	7,1607	20,1407		40	31,4094	10,7574	337,8824
13	3,0658	7,4869	22,9534		42	37,3175	10,8134	403,5281
14	3,3417	7,7862	26,0192		45	48,3273	10,8812	525,8587
15	3,6425	8,0607	29,3609		48	62,5852	10,9336	684,2804
16	3,9703	8,3126	33,0034		50	74,3575	10,9617	815,0836
17	4,3276	8,5436	36,9737		54	104,9617	11,0053	1.155,1301
18	4,7171	8,7556	41,3013		60	176,0313	11,0480	1.944,7921
19	5,1417	8,9501	46,0185		66	295,2221	11,0735	3.269,1344
20	5,6044	9,1285	51,1601		72	495,1170	11,0887	5.490,1891
21	6,1088	9,2922	56,7645		78	830,3608	11,0977	9.215,1200
22	6,6586	9,4424	62,8733		90	2.335,5266	11,1064	25.939,1842
23	7,2579	9,5802	69,5319		96	3.916,9119	11,1083	43.510,1321
24	7,9111	9,7066	76,7898		114	18.476,5450	11,1105	205.283,8339
25	8,6231	9,8226	84,7009		120	30.987,0157	11,1108	344.289,0639

n	$(1+i)^n$	$a_{n,i}$	$S_{n,i}$		n	$(1+i)^n$	$a_{n,i}$	$S_{n,i}$
				i = 10,0%				
1	1,1000	0,9091	1,0000		26	11,9182	9,1609	109,1818
2	1,2100	1,7355	2,1000		27	13,1100	9,2372	121,0999
3	1,3310	2,4869	3,3100		28	14,4210	9,3066	134,2099
4	1,4641	3,1699	4,6410		29	15,8631	9,3696	148,6309
5	1,6105	3,7908	6,1051		30	17,4494	9,4269	164,4940
6	1,7716	4,3553	7,7156		31	19,1943	9,4790	181,9434
7	1,9487	4,8684	9,4872		32	21,1138	9,5264	201,1378
8	2,1436	5,3349	11,4359		33	23,2252	9,5694	222,2515
9	2,3579	5,7590	13,5795		34	25,5477	9,6086	245,4767
10	2,5937	6,1446	15,9374		35	28,1024	9,6442	271,0244
11	2,8531	6,4951	18,5312		36	30,9127	9,6765	299,1268
12	3,1384	6,8137	21,3843		40	45,2593	9,7791	442,5926
13	3,4523	7,1034	24,5227		42	54,7637	9,8174	537,6370
14	3,7975	7,3667	27,9750		45	72,8905	9,8628	718,9048
15	4,1772	7,6061	31,7725		48	97,0172	9,8969	960,1723
16	4,5950	7,8237	35,9497		50	117,3909	9,9148	1.163,9085
17	5,0545	8,0216	40,5447		54	171,8719	9,9418	1.708,7195
18	5,5599	8,2014	45,5992		60	304,4816	9,9672	3.034,8164
19	6,1159	8,3649	51,1591		66	539,4078	9,9815	5.384,0780
20	6,7275	8,5136	57,2750		72	955,5938	9,9895	9.545,9382
21	7,4002	8,6487	64,0025		78	1.692,8927	9,9941	16.918,9274
22	8,1403	8,7715	71,4027		90	5.313,0226	9,9981	53.120,2261
23	8,9543	8,8832	79,5430		96	9.412,3437	9,9989	94.113,4365
24	9,8497	8,9847	88,4973		114	52.331,8524	9,9998	523.308,5243
25	10,8347	9,0770	98,3471		120	92.709,0688	9,9999	927.080,6882

Análise de Investimentos Econômicos e Financeiros

n	$(1+i)^n$	$a_{n,i}$	$S_{n,i}$		n	$(1+i)^n$	$a_{n,i}$	$S_{n,i}$
			$i = 11,0\%$					
1	1,1100	0,9009	1,0000		26	15,0799	8,4881	127,9988
2	1,2321	1,7125	2,1100		27	16,7386	8,5478	143,0786
3	1,3676	2,4437	3,3421		28	18,5799	8,6016	159,8173
4	1,5181	3,1024	4,7097		29	20,6237	8,6501	178,3972
5	1,6851	3,6959	6,2278		30	22,8923	8,6938	199,0209
6	1,8704	4,2305	7,9129		31	25,4104	8,7331	221,9132
7	2,0762	4,7122	9,7833		32	28,2056	8,7686	247,3236
8	2,3045	5,1461	11,8594		33	31,3082	8,8005	275,5292
9	2,5580	5,5370	14,1640		34	34,7521	8,8293	306,8374
10	2,8394	5,8892	16,7220		35	38,5749	8,8552	341,5896
11	3,1518	6,2065	19,5614		36	42,8181	8,8786	380,1644
12	3,4985	6,4924	22,7132		40	65,0009	8,9511	581,8261
13	3,8833	6,7499	26,2116		42	80,0876	8,9774	718,9779
14	4,3104	6,9819	30,0949		45	109,5302	9,0079	986,6386
15	4,7846	7,1909	34,4054		48	149,7970	9,0302	1.352,6996
16	5,3109	7,3792	39,1899		50	184,5648	9,0417	1.668,7712
17	5,8951	7,5488	44,5008		54	280,1824	9,0585	2.538,0218
18	6,5436	7,7016	50,3959		60	524,0572	9,0736	4.755,0658
19	7,2633	7,8393	56,9395		66	980,2043	9,0816	8.901,8572
20	8,0623	7,9633	64,2028		72	1.833,3884	9,0860	16.658,0761
21	8,9492	8,0751	72,2651		78	3.429,1963	9,0883	31.165,4208
22	9,9336	8,1757	81,2143		90	11.996,8738	9,0902	109.053,3983
23	11,0263	8,2664	91,1479		96	22.439,1274	9,0905	203.982,9760
24	12,2392	8,3481	102,1742		114	146.831,6170	9,0908	1.334.823,7914
25	13,5855	8,4217	114,4133		120	274.635,9932	9,0909	2.496.681,7568

n	$(1+i)^n$	$a_{n,i}$	$S_{n,i}$	$i = 12{,}0\%$ n	$(1+i)^n$	$a_{n,i}$	$S_{n,i}$
1	1,1200	0,8929	1,0000	26	19,0401	7,8957	150,3339
2	1,2544	1,6901	2,1200	27	21,3249	7,9426	169,3740
3	1,4049	2,4018	3,3744	28	23,8839	7,9844	190,6989
4	1,5735	3,0373	4,7793	29	26,7499	8,0218	214,5828
5	1,7623	3,6048	6,3528	30	29,9599	8,0552	241,3327
6	1,9738	4,1114	8,1152	31	33,5551	8,0850	271,2926
7	2,2107	4,5638	10,0890	32	37,5817	8,1116	304,8477
8	2,4760	4,9676	12,2997	33	42,0915	8,1354	342,4294
9	2,7731	5,3282	14,7757	34	47,1425	8,1566	384,5210
10	3,1058	5,6502	17,5487	35	52,7996	8,1755	431,6635
11	3,4785	5,9377	20,6546	36	59,1356	8,1924	484,4631
12	3,8960	6,1944	24,1331	40	93,0510	8,2438	767,0914
13	4,3635	6,4235	28,0291	42	116,7231	8,2619	964,3595
14	4,8871	6,6282	32,3926	45	163,9876	8,2825	1.358,2300
15	5,4736	6,8109	37,2797	48	230,3908	8,2972	1.911,5898
16	6,1304	6,9740	42,7533	50	289,0022	8,3045	2.400,0182
17	6,8660	7,1196	48,8837	54	454,7505	8,3150	3.781,2545
18	7,6900	7,2497	55,7497	60	897,5969	8,3240	7.471,6411
19	8,6128	7,3658	63,4397	66	1.771,6972	8,3286	14.755,8099
20	9,6463	7,4694	72,0524	72	3.497,0161	8,3310	29.133,4675
21	10,8038	7,5620	81,6987	78	6.902,4897	8,3321	57.512,4143
22	12,1003	7,6446	92,5026	90	26.891,9342	8,3330	224.091,1185
23	13,5523	7,7184	104,6029	96	53.079,9098	8,3332	442.324,2485
24	15,1786	7,7843	118,1552	114	408.182,6909	8,3333	3.401.514,0909
25	17,0001	7,8431	133,3339	120	805.680,2550	8,3333	6.713.993,7918

Análise de Investimentos Econômicos e Financeiros

			i	=	13,0%		
n	$(1+i)^n$	$a_{n,i}$	$S_{n,i}$	n	$(1+i)^n$	$a_{n,i}$	$S_{n,i}$
1	1,1300	0,8850	1,0000	26	23,9905	7,3717	176,8501
2	1,2769	1,6681	2,1300	27	27,1093	7,4086	200,8406
3	1,4429	2,3612	3,4069	28	30,6335	7,4412	227,9499
4	1,6305	2,9745	4,8498	29	34,6158	7,4701	258,5834
5	1,8424	3,5172	6,4803	30	39,1159	7,4957	293,1992
6	2,0820	3,9975	8,3227	31	44,2010	7,5183	332,3151
7	2,3526	4,4226	10,4047	32	49,9471	7,5383	376,5161
8	2,6584	4,7988	12,7573	33	56,4402	7,5560	426,4632
9	3,0040	5,1317	15,4157	34	63,7774	7,5717	482,9034
10	3,3946	5,4262	18,4197	35	72,0685	7,5856	546,6808
11	3,8359	5,6869	21,8143	36	81,4374	7,5979	618,7493
12	4,3345	5,9176	25,6502	40	132,7816	7,6344	1.013,7042
13	4,8980	6,1218	29,9847	42	169,5488	7,6469	1.296,5289
14	5,5348	6,3025	34,8827	45	244,6414	7,6609	1.874,1646
15	6,2543	6,4624	40,4175	48	352,9923	7,6705	2.707,6334
16	7,0673	6,6039	46,6717	50	450,7359	7,6752	3.459,5071
17	7,9861	6,7291	53,7391	54	734,9130	7,6818	5.645,4849
18	9,0243	6,8399	61,7251	60	1.530,0535	7,6873	11.761,9498
19	10,1974	6,9380	70,7494	66	3.185,4975	7,6899	24.496,1347
20	11,5231	7,0248	80,9468	72	6.632,0521	7,6911	51.008,0933
21	13,0211	7,1016	92,4699	78	13.807,6125	7,6918	106.204,7119
22	14,7138	7,1695	105,4910	90	59.849,4155	7,6922	460.372,4271
23	16,6266	7,2297	120,2048	96	124.603,5955	7,6922	958.481,5041
24	18,7881	7,2829	136,8315	114	1.124.456,2355	7,6923	8.649.655,6578
25	21,2305	7,3300	155,6196	120	2.341.063,6303	7,6923	18.008.174,0790

n	$(1+i)^n$	$a_{n,i}$	$S_{n,i}$		n	$(1+i)^n$	$a_{n,i}$	$S_{n,i}$
				i = 14,0%				
1	1,1400	0,8772	1,0000		26	30,1666	6,9061	208,3327
2	1,2996	1,6467	2,1400		27	34,3899	6,9352	238,4993
3	1,4815	2,3216	3,4396		28	39,2045	6,9607	272,8892
4	1,6890	2,9137	4,9211		29	44,6931	6,9830	312,0937
5	1,9254	3,4331	6,6101		30	50,9502	7,0027	356,7868
6	2,1950	3,8887	8,5355		31	58,0832	7,0199	407,7370
7	2,5023	4,2883	10,7305		32	66,2148	7,0350	465,8202
8	2,8526	4,6389	13,2328		33	75,4849	7,0482	532,0350
9	3,2519	4,9464	16,0853		34	86,0528	7,0599	607,5199
10	3,7072	5,2161	19,3373		35	98,1002	7,0700	693,5727
11	4,2262	5,4527	23,0445		36	111,8342	7,0790	791,6729
12	4,8179	5,6603	27,2707		40	188,8835	7,1050	1.342,0251
13	5,4924	5,8424	32,0887		42	245,4730	7,1138	1.746,2358
14	6,2613	6,0021	37,5811		45	363,6791	7,1232	2.590,5648
15	7,1379	6,1422	43,8424		48	538,8065	7,1296	3.841,4753
16	8,1372	6,2651	50,9804		50	700,2330	7,1327	4.994,5213
17	9,2765	6,3729	59,1176		54	1.182,6656	7,1368	8.440,4687
18	10,5752	6,4674	68,3941		60	2.595,9187	7,1401	18.535,1333
19	12,0557	6,5504	78,9692		66	5.697,9704	7,1416	40.692,6457
20	13,7435	6,6231	91,0249		72	12.506,8890	7,1423	89.327,7787
21	15,6676	6,6870	104,7684		78	27.452,2790	7,1426	196.080,5644
22	17,8610	6,7429	120,4360		90	132.262,4674	7,1428	944.724,7670
23	20,3616	6,7921	138,2970		96	290.312,4951	7,1428	2.073.653,5362
24	23,2122	6,8351	158,6586		114	3.070.103,7517	7,1429	21.929.305,3692
25	26,4619	6,8729	181,8708		120	6.738.793,6876	7,1429	48.134.233,4828

Análise de Investimentos Econômicos e Financeiros

			i	=	15,0%			
n	$(1+i)^n$	$a_{n,i}$	$S_{n,i}$		n	$(1+i)^n$	$a_{n,i}$	$S_{n,i}$
1	1,1500	0,8696	1,0000		26	37,8568	6,4906	245,7120
2	1,3225	1,6257	2,1500		27	43,5353	6,5135	283,5688
3	1,5209	2,2832	3,4725		28	50,0656	6,5335	327,1041
4	1,7490	2,8550	4,9934		29	57,5755	6,5509	377,1697
5	2,0114	3,3522	6,7424		30	66,2118	6,5660	434,7451
6	2,3131	3,7845	8,7537		31	76,1435	6,5791	500,9569
7	2,6600	4,1604	11,0668		32	87,5651	6,5905	577,1005
8	3,0590	4,4873	13,7268		33	100,6998	6,6005	664,6655
9	3,5179	4,7716	16,7858		34	115,8048	6,6091	765,3654
10	4,0456	5,0188	20,3037		35	133,1755	6,6166	881,1702
11	4,6524	5,2337	24,3493		36	153,1519	6,6231	1.014,3457
12	5,3503	5,4206	29,0017		40	267,8635	6,6418	1.779,0903
13	6,1528	5,5831	34,3519		42	354,2495	6,6478	2.354,9969
14	7,0757	5,7245	40,5047		45	538,7693	6,6543	3.585,1285
15	8,1371	5,8474	47,5804		48	819,4007	6,6585	5.456,0047
16	9,3576	5,9542	55,7175		50	1.083,6574	6,6605	7.217,7163
17	10,7613	6,0472	65,0751		54	1.895,3236	6,6631	12.628,8243
18	12,3755	6,1280	75,8364		60	4.383,9987	6,6651	29.219,9916
19	14,2318	6,1982	88,2118		66	10.140,4555	6,6660	67.596,3700
20	16,3665	6,2593	102,4436		72	23.455,4898	6,6664	156.363,2650
21	18,8215	6,3125	118,8101		78	54.253,9731	6,6665	361.686,4872
22	21,6447	6,3587	137,6316		90	290.272,3252	6,6666	1.935.142,1680
23	24,8915	6,3988	159,2764		96	671.417,5268	6,6667	4.476.110,1785
24	28,6252	6,4338	184,1678		114	8.309.096,4524	6,6667	55.393.969,6829
25	32,9190	6,4641	212,7930		120	19.219.445,0019	6,6667	128.129.626,6795

248 |

n	$(1+i)^n$	$a_{n,i}$	$S_{n,i}$	n	$(1+i)^n$	$a_{n,i}$	$S_{n,i}$
			i = 16,0%				
1	1,1600	0,8621	1,0000	26	47,4141	6,1182	290,0883
2	1,3456	1,6052	2,1600	27	55,0004	6,1364	337,5024
3	1,5609	2,2459	3,5056	28	63,8004	6,1520	392,5028
4	1,8106	2,7982	5,0665	29	74,0085	6,1656	456,3032
5	2,1003	3,2743	6,8771	30	85,8499	6,1772	530,3117
6	2,4364	3,6847	8,9775	31	99,5859	6,1872	616,1616
7	2,8262	4,0386	11,4139	32	115,5196	6,1959	715,7475
8	3,2784	4,3436	14,2401	33	134,0027	6,2034	831,2671
9	3,8030	4,6065	17,5185	34	155,4432	6,2098	965,2698
10	4,4114	4,8332	21,3215	35	180,3141	6,2153	1.120,7130
11	5,1173	5,0286	25,7329	36	209,1643	6,2201	1.301,0270
12	5,9360	5,1971	30,8502	40	378,7212	6,2335	2.360,7572
13	6,8858	5,3423	36,7862	42	509,6072	6,2377	3.178,7949
14	7,9875	5,4675	43,6720	45	795,4438	6,2421	4.965,2739
15	9,2655	5,5755	51,6595	48	1.241,6051	6,2450	7.753,7818
16	10,7480	5,6685	60,9250	50	1.670,7038	6,2463	10.435,6488
17	12,4677	5,7487	71,6730	54	3.025,0421	6,2479	18.900,2629
18	14,4625	5,8178	84,1407	60	7.370,2014	6,2492	46.057,5085
19	16,7765	5,8775	98,6032	66	17.956,7315	6,2497	112.223,3219
20	19,4608	5,9288	115,3797	72	43.749,7146	6,2499	273.429,4663
21	22,5745	5,9731	134,8405	78	106.591,6438	6,2499	666.191,5237
22	26,1864	6,0113	157,4150	90	632.730,8800	6,2500	3.954.561,7500
23	30,3762	6,0442	183,6014	96	1.541.583,1894	6,2500	9.634.888,6835
24	35,2364	6,0726	213,9776	114	22.295.169,1626	6,2500	139.344.801,0163
25	40,8742	6,0971	249,2140	120	54.319.868,1643	6,2500	339.499.169,7771

Análise de Investimentos Econômicos e Financeiros

			i	=	17,0%		
n	$(1+i)^n$	$a_{n,i}$	$S_{n,i}$	n	$(1+i)^n$	$a_{n,i}$	$S_{n,i}$
1	1,1700	0,8547	1,0000	26	59,2697	5,7831	342,7627
2	1,3689	1,5852	2,1700	27	69,3455	5,7975	402,0323
3	1,6016	2,2096	3,5389	28	81,1342	5,8099	471,3778
4	1,8739	2,7432	5,1405	29	94,9271	5,8204	552,5121
5	2,1924	3,1993	7,0144	30	111,0647	5,8294	647,4391
6	2,5652	3,5892	9,2068	31	129,9456	5,8371	758,5038
7	3,0012	3,9224	11,7720	32	152,0364	5,8437	888,4494
8	3,5115	4,2072	14,7733	33	177,8826	5,8493	1.040,4858
9	4,1084	4,4506	18,2847	34	208,1226	5,8541	1.218,3684
10	4,8068	4,6586	22,3931	35	243,5035	5,8582	1.426,4910
11	5,6240	4,8364	27,1999	36	284,8991	5,8617	1.669,9945
12	6,5801	4,9884	32,8239	40	533,8687	5,8713	3.134,5218
13	7,6987	5,1183	39,4040	42	730,8129	5,8743	4.293,0169
14	9,0075	5,2293	47,1027	45	1.170,4794	5,8773	6.879,2907
15	10,5387	5,3242	56,1101	48	1.874,6550	5,8792	11.021,5002
16	12,3303	5,4053	66,6488	50	2.566,2153	5,8801	15.089,5017
17	14,4265	5,4746	78,9792	54	4.808,7980	5,8811	28.281,1647
18	16,8790	5,5339	93,4056	60	12.335,3565	5,8819	72.555,0381
19	19,7484	5,5845	110,2846	66	31.642,2149	5,8822	186.124,7933
20	23,1056	5,6278	130,0329	72	81.167,4768	5,8823	477.449,8637
21	27,0336	5,6648	153,1385	78	208.207,9059	5,8823	1.224.746,5054
22	31,6293	5,6964	180,1721	90	1.370.022,0504	5,8823	8.058.947,3554
23	37,0062	5,7234	211,8013	96	3.514.331,5194	5,8824	20.672.532,4668
24	43,2973	5,7465	248,8076	114	59.318.237,5737	5,8824	348.930.803,374
25	50,6578	5,7662	292,1049	120	152.161.019,5360	5,8824	895.064.814,9179

			i = 18,0%			
n	$(1+i)^n$	$a_{n,i}$	$S_{n,i}$	n	$(1+i)^n$	$a_{n,i}$	$S_{n,i}$
1	1,1800	0,8475	1,0000	26	73,9490	5,4804	405,2721
2	1,3924	1,5656	2,1800	27	87,2598	5,4919	479,2211
3	1,6430	2,1743	3,5724	28	102,9666	5,5016	566,4809
4	1,9388	2,6901	5,2154	29	121,5005	5,5098	669,4475
5	2,2878	3,1272	7,1542	30	143,3706	5,5168	790,9480
6	2,6996	3,4976	9,4420	31	169,1774	5,5227	934,3186
7	3,1855	3,8115	12,1415	32	199,6293	5,5277	1.103,4960
8	3,7589	4,0776	15,3270	33	235,5625	5,5320	1.303,1253
9	4,4355	4,3030	19,0859	34	277,9638	5,5356	1.538,6878
10	5,2338	4,4941	23,5213	35	327,9973	5,5386	1.816,6516
11	6,1759	4,6560	28,7551	36	387,0368	5,5412	2.144,6489
12	7,2876	4,7932	34,9311	40	750,3783	5,5482	4.163,2130
13	8,5994	4,9095	42,2187	42	1.044,8268	5,5502	5.799,0378
14	10,1472	5,0081	50,8180	45	1.716,6839	5,5523	9.531,5771
15	11,9737	5,0916	60,9653	48	2.820,5665	5,5536	15.664,2586
16	14,1290	5,1624	72,9390	50	3.927,3569	5,5541	21.813,0937
17	16,6722	5,2223	87,0680	54	7.614,2721	5,5548	42.295,9563
18	19,6733	5,2732	103,7403	60	20.555,1400	5,5553	114.189,6665
19	23,2144	5,3162	123,4135	66	55.489,7135	5,5555	308.270,6303
20	27,3930	5,3527	146,6280	72	149.797,4864	5,5555	832.202,7024
21	32,3238	5,3837	174,0210	78	404.386,4266	5,5555	2.246.585,7033
22	38,1421	5,4099	206,3448	90	2.947.003,5401	5,5556	16.372.236,3340
23	45,0076	5,4321	244,4868	96	7.955.595,6457	5,5556	44.197.748,0317
24	53,1090	5,4509	289,4945	114	156.512.429,4886	5,5556	869.513.491,6035
25	62,6686	5,4669	342,6035	120	422.513.779,0259	5,5556	2.347.298.766,8107

n	$(1+i)^n$	$a_{n,i}$	$S_{n,i}$		n	$(1+i)^n$	$a_{n,i}$	$S_{n,i}$
				$i = 19{,}0\%$				
1	1,1900	0,8403	1,0000		26	92,0918	5,2060	479,4306
2	1,4161	1,5465	2,1900		27	109,5893	5,2151	571,5224
3	1,6852	2,1399	3,6061		28	130,4112	5,2228	681,1116
4	2,0053	2,6386	5,2913		29	155,1893	5,2292	811,5228
5	2,3864	3,0576	7,2966		30	184,6753	5,2347	966,7122
6	2,8398	3,4098	9,6830		31	219,7636	5,2392	1.151,387!
7	3,3793	3,7057	12,5227		32	261,5187	5,2430	1.371,151)
8	4,0214	3,9544	15,9020		33	311,2073	5,2462	1.632,669
9	4,7854	4,1633	19,9234		34	370,3366	5,2489	1.943,877
10	5,6947	4,3389	24,7089		35	440,7006	5,2512	2.314,213'
11	6,7767	4,4865	30,4035		36	524,4337	5,2531	2.754,914
12	8,0642	4,6105	37,1802		40	1.051,6675	5,2582	5.529,829
13	9,5964	4,7147	45,2445		42	1.489,2664	5,2596	7.832,980
14	11,4198	4,8023	54,8409		45	2.509,6506	5,2611	13.203,42<
15	13,5895	4,8759	66,2607		48	4.229,1603	5,2619	22.253,47!
16	16,1715	4,9377	79,8502		50	5.988,9139	5,2623	31.515,33€
17	19,2441	4,9897	96,0218		54	12.009,8039	5,2627	63.204,23(
18	22,9005	5,0333	115,2659		60	34.104,9709	5,2630	179.494,58
19	27,2516	5,0700	138,1664		66	96.849,9614	5,2631	509.731,37
20	32,4294	5,1009	165,4180		72	275.030,7292	5,2631	1.447.524,8(
21	38,5910	5,1268	197,8474		78	781.021,4987	5,2632	4.110.634,2(
22	45,9233	5,1486	236,4385		90	6.298.346,1505	5,2632	33.149.185,0
23	54,6487	5,1668	282,3618		96	17.885.796,8513	5,2632	94.135.767,6
24	65,0320	5,1822	337,0105		114	409.594.011,8484	5,2632	2.155.757.951,
25	77,3881	5,1951	402,0425		120	1.163.149.041,4046	5,2632	6.121.837.054

				i	$=$	$20,0\%$		
n	$(1+i)^n$	$a_{n,i}$	$S_{n,i}$		n	$(1+i)^n$	$a_{n,i}$	$S_{n,i}$
1	1,2000	0,8333	1,0000		26	114,4755	4,9563	567,3773
2	1,4400	1,5278	2,2000		27	137,3706	4,9636	681,8528
3	1,7280	2,1065	3,6400		28	164,8447	4,9697	819,2233
4	2,0736	2,5887	5,3680		29	197,8136	4,9747	984,0680
5	2,4883	2,9906	7,4416		30	237,3763	4,9789	1.181,8816
6	2,9860	3,3255	9,9299		31	284,8516	4,9824	1.419,2579
7	3,5832	3,6046	12,9159		32	341,8219	4,9854	1.704,1095
8	4,2998	3,8372	16,4991		33	410,1863	4,9878	2.045,9314
9	5,1598	4,0310	20,7989		34	492,2235	4,9898	2.456,1176
10	6,1917	4,1925	25,9587		35	590,6682	4,9915	2.948,3411
11	7,4301	4,3271	32,1504		36	708,8019	4,9929	3.539,0094
12	8,9161	4,4392	39,5805		40	1.469,7716	4,9966	7.343,8578
13	10,6993	4,5327	48,4966		42	2.116,4711	4,9976	10.577,3553
14	12,8392	4,6106	59,1959		45	3.657,2620	4,9986	18.281,3099
15	15,4070	4,6755	72,0351		48	6.319,7487	4,9992	31.593,7436
16	18,4884	4,7296	87,4421		50	9.100,4382	4,9995	45.497,1908
17	22,1861	4,7746	105,9306		54	18.870,6685	4,9997	94.348,3427
18	26,6233	4,8122	128,1167		60	56.347,5144	4,9999	281.732,5718
19	31,9480	4,8435	154,7400		66	168.252,7763	5,0000	841.258,8815
20	38,3376	4,8696	186,6880		72	502.400,0980	5,0000	2.511.995,4899
21	46,0051	4,8913	225,0256		78	1.500.158,6542	5,0000	7.500.788,2709
22	55,2061	4,9094	271,0307		90	13.375.565,2489	5,0000	66.877.821,2447
23	66,2474	4,9245	326,2369		96	39.939.223,8243	5,0000	199.696.114,1214
24	79,4968	4,9371	392,4842		114	1.063.315.266,8535	5,0000	5.316.576.329,2676
25	95,3962	4,9476	471,9811		120	3.175.042.373,7803	5,0000	15.875.211.863,9016

Análise de Investimentos Econômicos e Financeiros

			$i = 25,0\%$				
n	$(1+i)^n$	$a_{n,i}$	$S_{n,i}$	n	$(1+i)^n$	$a_{n,i}$	$S_{n,i}$
1	1,2500	0,8000	1,0000	26	330,8722	3,9879	1.319,489
2	1,5625	1,4400	2,2500	27	413,5903	3,9903	1.650,361
3	1,9531	1,9520	3,8125	28	516,9879	3,9923	2.063,951
4	2,4414	2,3616	5,7656	29	646,2349	3,9938	2.580,939
5	3,0518	2,6893	8,2070	30	807,7936	3,9950	3.227,174
6	3,8147	2,9514	11,2588	31	1.009,7420	3,9960	4.034,967
7	4,7684	3,1611	15,0735	32	1.262,1774	3,9968	5.044,709
8	5,9605	3,3289	19,8419	33	1.577,7218	3,9975	6.306,887
9	7,4506	3,4631	25,8023	34	1.972,1523	3,9980	7.884,609
10	9,3132	3,5705	33,2529	35	2.465,1903	3,9984	9.856,761
11	11,6415	3,6564	42,5661	36	3.081,4879	3,9987	12.321,951
12	14,5519	3,7251	54,2077	40	7.523,1638	3,9995	30.088,65
13	18,1899	3,7801	68,7596	42	11.754,9435	3,9997	47.015,774
14	22,7374	3,8241	86,9495	45	22.958,8740	3,9998	91.831,496
15	28,4217	3,8593	109,6868	48	44.841,5509	3,9999	179.362,20
16	35,5271	3,8874	138,1085	50	70.064,9232	3,9999	280.255,69
17	44,4089	3,9099	173,6357	54	171.056,9414	4,0000	684.223,76
18	55,5112	3,9279	218,0446	60	652.530,4468	4,0000	2.610.117,78
19	69,3889	3,9424	273,5558	66	2.489.206,1111	4,0000	9.956.820,4
20	86,7362	3,9539	342,9447	72	9.495.567,7458	4,0000	37.982.266,9
21	108,4202	3,9631	429,6809	78	36.222.716,3153	4,0000	144.890.861,
22	135,5253	3,9705	538,1011	90	527.109.897,1615	4,0000	2.108.439.584
23	169,4066	3,9764	673,6264	96	2.010.764.683,3860	4,0000	8.043.058.729
24	211,7582	3,9811	843,0329	114	111.619.862.429,9100	4,0000	446.479.449.71
25	264,6978	3,9849	1.054,7912	120	425.795.984.000,8150	4,0000	1.703.183.935.9

$(1+i)^n$	$a_{n,i}$	$S_{n,i}$	i	=	30,0%	$(1+i)^n$	$a_{n,i}$	$S_{n,i}$
					n			
1,3000	0,7692	1,0000			26	917,3333	3,3297	3.054,4443
1,6900	1,3609	2,3000			27	1.192,5333	3,3305	3.971,7776
2,1970	1,8161	3,9900			28	1.550,2933	3,3312	5.164,3109
2,8561	2,1662	6,1870			29	2.015,3813	3,3317	6.714,6042
3,7129	2,4356	9,0431			30	2.619,9956	3,3321	8.729,9855
4,8268	2,6427	12,7560			31	3.405,9943	3,3324	11.349,9811
6,2749	2,8021	17,5828			32	4.427,7926	3,3326	14.755,9755
8,1573	2,9247	23,8577			33	5.756,1304	3,3328	19.183,7681
10,6045	3,0190	32,0150			34	7.482,9696	3,3329	24.939,8985
13,7858	3,0915	42,6195			35	9.727,8604	3,3330	32.422,8681
17,9216	3,1473	56,4053			36	12.646,2186	3,3331	42.150,7285
23,2981	3,1903	74,3270			40	36.118,8648	3,3332	120.392,8827
30,2875	3,2233	97,6250			42	61.040,8815	3,3333	203.466,2718
39,3738	3,2487	127,9125			45	134.106,8167	3,3333	447.019,3890
51,1859	3,2682	167,2863			48	294.632,6763	3,3333	982.105,5877
66,5417	3,2832	218,4722			50	497.929,2230	3,3333	1.659.760,7433
86,5042	3,2948	285,0139			54	1.422.135,6538	3,3333	4.740.448,8458
112,4554	3,3037	371,5180			60	6.864.377,1727	3,3333	22.881.253,9091
146,1920	3,3105	483,9734			66	33.133.037,5168	3,3333	110.443.455,0560
190,0496	3,3158	630,1655			72	159.926.843,6834	3,3333	533.089.475,6114
247,0645	3,3198	820,2151			78	771.936.328,4327	3,3333	2.573.121.091,4424
321,1839	3,3230	1.067,2796			90	17.984.638.288,9613	3,3333	59.948.794.293,2042
417,5391	3,3254	1.388,4635			96	86.808.413.954,9029	3,3333	289.361.379.846,3430
542,8008	3,3272	1.806,0026			114	9.762.075.518.152,5800	3,3333	32.540.251.727.172,0000
705,6410	3,3286	2.348,8033			120	47.119.673.969.698,6000	3,3333	157.065.579.898.992,0000

| 255

Análise de Investimentos Econômicos e Financeiros

			i	=	35,0%		
n	$(1+i)^n$	$a_{n,i}$	$S_{n,i}$		n	$(1+i)^n$	$a_{n,i}$	$S_{n,i}$

n	$(1+i)^n$	$a_{n,i}$	$S_{n,i}$	n	$(1+i)^n$	$a_{n,i}$	$S_{n,i}$
1	1,3500	0,7407	1,0000	26	2.447,2480	2,8560	6.989,2800
2	1,8225	1,2894	2,3500	27	3.303,7848	2,8563	9.436,5280
3	2,4604	1,6959	4,1725	28	4.460,1095	2,8565	12.740,3128
4	3,3215	1,9969	6,6329	29	6.021,1478	2,8567	17.200,4222
5	4,4840	2,2200	9,9544	30	8.128,5495	2,8568	23.221,5700
6	6,0534	2,3852	14,4384	31	10.973,5418	2,8569	31.350,1195
7	8,1722	2,5075	20,4919	32	14.814,2815	2,8569	42.323,6613
8	11,0324	2,5982	28,6640	33	19.999,2800	2,8570	57.137,9428
9	14,8937	2,6653	39,6964	34	26.999,0280	2,8570	77.137,2228
10	20,1066	2,7150	54,5902	35	36.448,6878	2,8571	104.136,2508
11	27,1439	2,7519	74,6967	36	49.205,7285	2,8571	140.584,9385
12	36,6442	2,7792	101,8406	40	163.437,1347	2,8571	466.960,3848
13	49,4697	2,7994	138,4848	42	297.864,1780	2,8571	851.037,6513
14	66,7841	2,8144	187,9544	45	732.857,5768	2,8571	2.093.875,9338
15	90,1585	2,8255	254,7385	48	1.803.104,4606	2,8571	5.151.724,1732
16	121,7139	2,8337	344,8970	50	3.286.157,8795	2,8571	9.389.019,6556
17	164,3138	2,8398	466,6109	54	10.914.993,9351	2,8571	31.185.694,1003
18	221,8236	2,8443	630,9247	60	66.073.316,9964	2,8571	188.780.902,846
19	299,4619	2,8476	852,7483	66	399.971.199,6969	2,8571	1.142.774.853,419
20	404,2736	2,8501	1.152,2103	72	2.421.203.715,1951	2,8571	6.917.724.897,700
21	545,7693	2,8519	1.556,4838	78	14.656.623.864,2112	2,8571	41.876.068.180,60
22	736,7886	2,8533	2.102,2532	90	537.080.227.925,7980	2,8571	1.534.514.936.927,99
23	994,6646	2,8543	2.839,0418	96	3.251.185.695.863,1900	2,8571	9.289.101.988.177,66
24	1.342,7973	2,8550	3.833,7064	114	721.189.854.288.065,0000	2,8571	2.060.542.440.823.040
25	1.812,7763	2,8556	5.176,5037	120	4.365.683.218.908.140,0000	2,8571	12.473.380.625.451.800

256 |

(1+i)n	a n,i	S n,i		n	(1+i)n	a n,i	S n,i
		i	=	40,0%			
1,4000	0,7143	1,0000		26	6.299,8314	2,4996	15.747,0785
1,9600	1,2245	2,4000		27	8.819,7640	2,4997	22.046,9099
2,7440	1,5889	4,3600		28	12.347,6696	2,4998	30.866,6739
3,8416	1,8492	7,1040		29	17.286,7374	2,4999	43.214,3435
5,3782	2,0352	10,9456		30	24.201,4324	2,4999	60.501,0809
7,5295	2,1680	16,3238		31	33.882,0053	2,4999	84.702,5132
10,5414	2,2628	23,8534		32	47.434,8074	2,4999	118.584,5185
14,7579	2,3306	34,3947		33	66.408,7304	2,5000	166.019,3260
20,6610	2,3790	49,1526		34	92.972,2225	2,5000	232.428,0563
28,9255	2,4136	69,8137		35	130.161,1116	2,5000	325.400,2789
40,4957	2,4383	98,7391		36	182.225,5562	2,5000	455.561,3904
56,6939	2,4559	139,2348		40	700.037,6966	2,5000	1.750.091,7415
79,3715	2,4685	195,9287		42	1.372.073,8853	2,5000	3.430.182,2133
111,1201	2,4775	275,3002		45	3.764.970,7413	2,5000	9.412.424,3533
155,5681	2,4839	386,4202		48	10.331.079,7142	2,5000	25.827.696,7854
217,7953	2,4885	541,9883		50	20.248.916,2398	2,5000	50.622.288,0994
304,9135	2,4918	759,7837		54	77.788.236,6267	2,5000	194.470.589,0667
426,8789	2,4941	1.064,6971		60	585.709.328,0571	2,5000	1.464.273.317,6427
597,6304	2,4958	1.491,5760		66	4.410.119.471,1417	2,5000	11.025.298.675,3543
836,6826	2,4970	2.089,2064		72	33.206.153.322,2624	2,5000	83.015.383.303,1560
1171,3556	2,4979	2.925,8889		78	250.026.926.861,4940	2,5000	625.067.317.151,2350
1639,8978	2,4985	4.097,2445		90	14.175.004.682.950,1000	2,5000	35.437.511.707.372,7000
2295,8569	2,4989	5.737,1423		96	106.731.208.060.441,0000	2,5000	266.828.020.151.100,0000
3214,1997	2,4992	8.032,9993		114	45.561.295.805.358.200,0000	2,5000	113.903.239.513.395.000,0000
4499,8796	2,4994	11.247,1990		120	343.055.416.973.093.000,0000	2,5000	857.638.542.432.733.000,0000

i = 50,0%

n	$(1+i)^n$	$a_{n,i}$	$S_{n,i}$
1	1,5000	0,6667	1,0000
2	2,2500	1,1111	2,5000
3	3,3750	1,4074	4,7500
4	5,0625	1,6049	8,1250
5	7,5938	1,7366	13,1875
6	11,3906	1,8244	20,7813
7	17,0859	1,8829	32,1719
8	25,6289	1,9220	49,2578
9	38,4434	1,9480	74,8867
10	57,6650	1,9653	113,3301
11	86,4976	1,9769	170,9951
12	129,7463	1,9846	257,4927
13	194,6195	1,9897	387,2390
14	291,9293	1,9931	581,8585
15	437,8939	1,9954	873,7878
16	656,8408	1,9970	1.311,6817
17	985,2613	1,9980	1.968,5225
18	1.477,8919	1,9986	2.953,7838
19	2.216,8378	1,9991	4.431,6756
20	3.325,2567	1,9994	6.648,5135
21	4.987,8851	1,9996	9.973,7702
22	7.481,8276	1,9997	14.961,6553
23	11.222,7415	1,9998	22.443,4829
24	16.8?4,112?	1,9999	33.666,2?44
26	37.876,7524	1,9999	75.751,5049
27	56.815,1287	2,0000	113.628,2573
28	85.222,6930	2,0000	170.443,3860
29	127.834,0395	2,0000	255.666,0790
30	191.751,0592	2,0000	383.500,1185
31	287.626,5888	2,0000	575.251,1777
32	431.439,8833	2,0000	862.877,7665
33	647.159,8249	2,0000	1.294.317,6498
34	970.739,7374	2,0000	1.941.477,4747
35	1.456.109,6060	2,0000	2.912.217,2121
36	2.184.164,4091	2,0000	4.368.326,8181
40	11.057.332,3209	2,0000	22.114.662,6419
42	24.878.997,7221	2,0000	49.757.993,4442
45	83.966.617,3121	2,0000	167.933.232,6243
48	283.387.333,4285	2,0000	566.774.664,8569
50	637.621.500,2141	2,0000	1.275.242.998,4281
54	3.227.958.844,8336	2,0000	6.455.917.687,6673
60	36.768.468.716,9330	2,0000	73.536.937.431,8660
66	418.815.838.978,8150	2,0000	837.631.677.955,6300
72	4.770.574.165.868,0700	2,0000	9.541.148.331.734,1300
78	54.339.821.358.091,0000	2,0000	108.679.642.716.180,0000
90	7.050.392.822.843.070,0000	2,0000	14.100.785.645.686.100,0000
96	80.308.380.747.696.800,0000	2,0000	160.616.761.495.394.000,0000
114	118.687.103.805.812.000.000,0000	2,0000	237.374.207.611.625.000.000,0000

APÊNDICE C — IGP-DI E IGP-M: SÉRIE HISTÓRICA

APÊNDICE D – GLOSSÁRIO

Este apêndice tem por finalidade detalhar alguns temos apresentados ao longo da obra e que careceram de maior detalhamento.

Ações Econômicas – ato de compra ou venda de bens, serviços ou fatores de produção.

Alavancagem – essencialmente refere-se ao uso de capital de terceiros para elevar o retorno. Nos estudos sobre estrutura do capital e de análise de risco existem três tipos: alavancagem operacional, financeira e combinada. Em investimentos financeiros, o termo é aplicado para descrever o financiamento desses por capitais de terceiros ou liquidação futura, mediante depósito de margem de garantias.

Come-Cotas – sistema de tributação de imposto de renda incidente sobre o rendimento de fundo de investimentos e que reduz o saldo das cotas do investidor (daí o nome). Existe uma alíquota básica, a qual se aplica no come-cotas e em função do prazo de aplicação ao resgate pode haver uma alíquota adicional. Vide a Tabela D.1.

Fundos de Curto Prazo	Alíquota Básica	Alíquota Adicional
Até 180 dias	20%	2,5%
De 181 a 365 dias	20%	0
Fundos de Curto Prazo		
Até 180 dias	15%	7,5%
De 181 a 365 dias	5%	5%
De 365 a 720 dias	5%	2,5%
Acima de 721 dias	5%	0

Tabela D.1 – Alíquota de IR no come-cotas

CUB – Custo Unitário Básico, indicador dos custos da construção civil, elaborado pelo Sindicato da Indústria da Construção Civil de casa Estado.

DIEESE – Departamento Intersindical de Estatística e Estudos Socioeconômicos.

Emolumentos – são taxas cobradas por serviços prestados no âmbito financeiro e judicial, são cobrados pela B3 e por cartórios.

FGV – Fundação Getúlio Vargas.

FIPE – Fundação Instituto de Pesquisas Econômicas.

IBGE – Instituto Brasileiro de Geografia e Estatística.

ICV – índice de custo de vida, indicador calculado pelo DIEESE.

INCC – Índice Nacional de Custo da Construção, índice de preços elaborado pela FGV.

INPC – índice nacional de preços ao consumidor, indicador calculado pelo IBGE.

IOF – imposto sobre operações de crédito, câmbio, seguros, ou relativos a títulos ou valores mobiliários; é um imposto federal que incide sobre operações financeiras.

IPC-A – índice de preços ao consumidor amplo, indicador calculado pelo IBGE.

IPTU – imposto predial e territorial urbano, incide sobre a propriedade de imóveis urbanos e pertence à esfera municipal.

ITBI – imposto de transmissão intervivos de bens imóveis; é um imposto municipal e possui alíquota de 3%.

ITR – imposto sobre a propriedade territorial rural é um imposto federal incidente sobre imóveis rurais (fazendas, sítios etc.).

Risco Político – perda decorrente de alterações no cenário político, normalmente associado ao mercado estrangeiro.

Taxa de Administração – valor cobrado pela gestão de fundos.

Taxa de Custódia – valor cobrado pela guarda de ativos por uma instituição custodiante.

Taxa de Performance – valor cobrado pelo gestor de fundos por exceder um índice previamente estabelecido.

Trade-Off – situação de escolha conflitante, na qual ao se decidir por um item, deixa-se de escolher outro.

ÍNDICE REMISSIVO

A

Ações, 174, 208, 209, 260
   corretoras, 176, 177, 178, 192, 195
   ganhos, 174
   home broker, 179, 184
   IPO, 174
   mercado à vista, 174, 188
   mercado primário, 174
   mercado secundário, 174, 186
   negociação, 175, 177, 194, 195, 200
ADR, 187
Ajustes monetários, 122, 130
   padrões monetários, 123, 124
Análise de Investimentos, 15, 25, 34, 35, 37, 42, 70
Análise, 31, 138
Aplicação Financeira, 180
Ativos Cambiais, 179
Ativos Financeiros, 69, 180
Ativos Imobiliários, 181
   Letras Hipotecárias, 181
   LCI, 181
   CRI, 181
Ativos Reais, 181
Autores
   Böhm Bawerk, 81
   Brigham e Ehrhardt, 168
   Brigham e Houston, 71, 167, 168
   Fischer, 81
   Gitman, 148, 168
   Graham, 16, 22
   Hawking, 83
   Hicks, 81
   Houaiss, 15, 16
   Maroni Neto, 4, 31, 81
   Mathias e Gomes,
   Ross, Westerfeld e Jordan, 168
   Rudge, 22, 168
   Sandroni, 22, 23, 122
   Sharpe, 16

B

BDR, 187
Bolsa de Valores, 174, 175, 176, 178, 184, 185, 186, 192
B3, 176, 177, 187, 195, 200, 223, 261
   Nível 1, 177
   Nível 2, 177
   Novo Mercado, 177

C

Caderneta de Poupança, 181, 182, 210, 211
Caixa, 31, 32, 34, 35, 36, 37, 38, 40, 41, 42, 43, 44, 45, 46, 49, 50, 51, 60, 61, 62, 63, 64, 65, 89, 93, 138, 151, 155, 159, 160, 167, 169
CDB, 69, 71, 97, 140, 182, 183, 184, 212, 213, 221
CDI, 69, 183
Ciclo de vida do produto, 59
Clube de Investimento, 184, 185
Come-Cotas, 260
COPOM, 69, 182
CUB, 119, 260

D

Debêntures, 185, 186, 213, 214
Demonstrativo de Fluxo de Caixa (DFC), 37
   atividade de investimentos, 37
   atividade operacional, 37
Depreciação, 55, 58, 59, 60, 61, 62, 63, 64, 65, 166, 167
   conceito, 55
   enfoques, 55
   vida útil, 56, 57, 58, 59, 60, 64, 65, 66, 166
Derivativos, 187
DIEESE, 75, 118, 119, 260, 261

Índice Remissivo

Dinheiro, 84, 86, 88, 93
 problemas com dinheiro, 89, 94

E
EBITDA, 44, 49, 50, 51, 66
 projeção, 49, 50, 51, 53
EBIT, 43, 44, 45, 60, 61, 62, 63, 64, 65
EBT, 43, 44
EFT, 188
Especulação, 22, 23

F
FGV, 75, 76, 118, 119, 261
FIPE, 75, 118, 261
Fluxo de Caixa, 25, 31, 32, 34, 35, 36, 37, 38, 40, 43, 44, 45, 46, 47, 50, 51, 60, 61, 62, 63, 64, 65, 89, 138, 151, 155, 159, 160, 167, 169
 convenções, 36
 definição, 32
 diagrama, 36, 90, 94, 95, 96, 97, 98, 99, 100, 101, 102, 103, 104, 106, 108, 109, 146
 estrutura básica, 35, 37
 estimativa, 50, 57, 105, 144, 159, 166
 fluxo de caixa líquido, 45, 49, 56, 61, 140, 161
 fluxo de caixa incremental, 160, 161
 modelos, 35, 37, 38, 205, 208
Fundo de Ações, 188
Fundo de Investimentos, 214

G / H
GDR, 187

I
IBGE, 75, 118, 119, 261
ICV, 119, 261
IGP-DI, 119, 128, 129, 130, 131, 132, 259
IGP-M, 76, 77, 119, 120, 121, 125, 126, 127, 133, 259

Imóveis, 192, 217
Imposto de Renda, 54, 55, 166, 167, 183, 190, 198, 209, 210, 213, 214, 218, 220
INCC, 76, 119, 261
Indexação, 117, 124
Índice de Preços, 76, 118, 125, 127, 128
 Laspeyres, 118
 número índice, 120, 121, 122, 125, 126, 127, 128, 129, 130, 131
Investimento, 15, 17, 18, 19, 22, 23, 26, 27, 32, 36, 50, 60, 61, 62, 63, 64, 65, 144, 147, 164, 166, 167, 180, 184, 185, 215, 216, 225
 definição, 50
 etimologia, 15
 visão contábil, 23
Investimento Econômico, 17, 27
 tipos, 18
 formas, 19
Investimentos Financeiros, 21, 24
 modalidades, 21, 22, 23,
IOF, 183, 184, 186, 190, 195, 200, 207, 208, 211, 261
IPC-A, 119, 261
IPTU, 193, 208, 217, 221, 261
ITBI, 217, 261
ITR, 193, 208, 261

J / K / L
Lucro, 32, 33, 34, 35, 43, 44, 54, 55, 66, 226

M
Matemática Financeira, 225
Mercado Financeiro, 173, 224
Moeda, 85
Moedas Estrangeiras, 193

O
Objetos de Arte, 194
8 ou 800, 117, 132
Orçamento de Caixa, 40, 41, 42
Ouro, 195

| 263

P

Período de Payback Descontado, 138, 144
Período de Payback Simples, 138, 140
Perpetuidade, 53, 66, 167, 169, 170
  características, 168
  cálculo, 168
PGBL, 198, 199
Projetos, 161, 162, 163, 164, 169
  tipos, 146
  restrição orçamentária, 161, 162

R

Rendimento Bruto, 209, 210, 211, 213, 214, 215, 216, 217, 218, 220
Rendimento Líquido, 209, 210, 211, 214, 215, 216, 217, 220

S

SELIC, 69, 77, 182, 201, 205

T

Tabelas Financeiras, 228
Taxa de Juros, 36, 227
  taxa nominal, 70, 71, 72, 73, 74, 75, 77, 97, 98
  determinantes, 71
  taxa efetiva, 70, 72, 73, 74, 75, 77, 206
  taxa real, 70, 112
Taxa de Retorno, 26, 70
TBF – Taxa Básica Financeira, 182
Tempo, 82, 83, 88, 152, 198
  características, 82, 83, 84
  definição, 82
Tesouro Direto, 199, 200
TIR múltiplas, 145, 165
Títulos de Capitalização, 200, 218
Títulos Públicos, 201, 219, 220
TR – Taxa de Referência, 182
Tributação, 53, 55, 199, 207, 215, 216
  SIMPLES NACIONAL, 25, 54, 66

V

Valor Presente Líquido Anualizado, 138, 144, 148
Valor Residual, 53, 59, 66, 166, 167
Valores Mobiliários, 22, 186
Variáveis, 26, 47, 49, 60, 61, 62, 63, 64, 65
VGBL, 198, 199